SHODENSHA
SHINSHO

世界史のミカタ

井上章一
佐藤賢一

JN196816

祥伝社新書

はじめに——東洋史・西洋史のミカタを退《しりぞ》けると、見えてくる

佐藤賢一

井上章一先生と対談しませんか。まとめて、『世界史のミカタ』という本にしますから。そういう手紙を祥伝社新書編集部の飯島英雄さんにいただいて、私はと言えば、これは楽しい仕事になりそうだと、のっけから乗り気だった。

同じ手紙によれば、この企画の前に、やはり井上先生と本郷和人《ほんごうかずと》先生との対談で『日本史のミカタ』という本を出し、大好評だったと。次は『世界史のミカタ』で行こうとなった時、井上先生が名前を出されたのが、私だったと。

なんと光栄な話か。『日本史のミカタ』は私も読んでいた。本郷先生には拙著の文庫解説を書いていただいたことがあり、そこで勝手に親近感を抱いて、ご著書はほとんどチェックしていたからだ。いつもながら『日本史のミカタ』も刺激的だったが、その対談のお相手だった井上先生から私に声がかかったというのだ。『世界史のミカタ』なので、日本史がご専門の本郷先生の代わりということだろうが、いずれにせよ、いやはや、大興奮である。

二つ返事で引き受けると、飯島さんを間《あいだ》に取り上げるトピックを擦《す》り合わせ、さあ、これで対談本番と行きましょうと、とんとん拍子《びょうし》に進んでいった。が、その頃になって、冷静に考え直した。これって、私が楽しいだけでよいのかと。それこそ一読《いち》者の気分でワクワクしているが、やはり本来の読者を楽しませなければならないのではないかと。

井上先生がおもしろいのは、わかっていた。『日本史のミカタ』を読めば、わかる。いや、それ以前に、数々の名著がおありだ。優れた学者は「視点は鋭《するど》く、視野は広く」だと言われる。ひとつを深く掘り下げれば掘り下げるほど、それを十全に理解するためには広範な知識が必要になるからだが、その見本をまさに地で行かれているのが井上先生なのだ。ご専門が建築史だが、それを入口に膨大な知識——日本史に留《とど》まらない、まさに世界史的な知見を獲得なされていることは、最初から疑いなかったのだ。ひるがえって、私はどうか。

私は専門が西洋史、ヨーロッパ史である。とはいえ、その昔の学生時代、院生時代に専攻していただけで、今は学者でも研究者でもない。本業は作家、小説家だ。西洋史に多く題を求めてきたのは確かで、その僥倖《ぎょうこう》と言おうか、専門分野を持つ研究者より、あっちの時代、こっちの時代、あの分野、このテーマと広く触れることはできた。そこが見込まれ、今回の声がかりとなったのだろうが、話すべきは世界史である。それも、そのミカタなのである。この私に全体どんな世界史のミカタができるというのか。

早めに白状すれば、これという腹案を用意して、対談に臨《のぞ》んだわけではない。ただ西洋史のミカタはするまい、とだけは決めた。あるいはヨーロッパ史の常識とか、欧米人のミカタと言ったほうが正しいのかもしれないが、そこにあっさり乗せられるのでなく、疑ってかかってやろうと。同じ歴史の事実を取り上げても、違うミカタをしてやろうと。

あとは対談が赴《おもむ》くままだと、井上先生と向き合い、話し始めて驚いた。井上先生も東洋史のミカタを退《しりぞ》け、中国人の嘘《うそ》を暴かれたからだ。合わせて私もここぞと西洋史のミカタを退けると、そこに世界史のミカタが立ち現われていた。すなわち、世界史には陸の時代、陸上を往来する者の時代があり、それが海の時代、海上を制する者の時代に変わり、しかして、その先には大陸勢力と海洋勢力が拮抗《きっこう》する時代が……。

いや、論より証拠と、もうページをめくっていただくことにしよう。

二〇一九年十月

目次

第3章　宗教誕生と、イスラム世界の増殖

第4章　中華帝国の本質

第5章　ヨーロッパの二段階拡大

第6章　明治維新とフランス革命の類似性

第7章　システムとしての帝国主義

第10章　社会主義は敗北したか

第11章 国民国家の次に来るもの

編集協力――瀧井宏臣

第1章　神話の共通性

なぜ、世界の神話は似ているのか

井上 日本最古の史書である『古事記《こじき》』のなかに、こんな話が出てきます。――イザナギノミコト（伊邪那岐命）が黄泉《よみ》の国へ、亡き妻イザナミノミコト（伊邪那美命）を探しに行き、連れて帰ろうとした。その時、「あなた、うしろを振り返らないでね」と言われたのだけど、好奇心に負けて振り向いてしまう。すると、イザナミノミコトは体中に蛆虫《うじむし》が湧《わ》いた状態で、それを見たイザナギノミコトは驚いて逃げた――。

同様な話がギリシア神話にもあります。英雄オルフェウスが、亡くなった妻エウリュディケを冥界《めいかい》へ探しに行く。そして、見つけた彼女を連れ帰る時に、約束が守れず、うしろを振り返り、失敗する話です。このように、民族を超えて、似たような神話がある。このような現象をどう思われますか。

佐藤 ひとつの可能性として、人間の発想は似通っていて、地域や民族が違っても同じパターンの話ができたことが考えられます。もうひとつは、どこかに大本《おおもと》となる物語があり、それが徐々に世界中に広がった可能性です。

井上 神話のビッグバンやね。

佐藤　『旧約聖書』のなかに天地創造の場面がありますが、あれも『古事記』の天地創造の話に驚くくらい似ています。最初にあったのは混沌《こんとん》とした世界で、空も大地も混ざり合っていた。それが分かれて光が生まれて――というプロセスで世界ができていく。

井上　江戸時代の国学者平田篤胤《ひらたあつたね》は、『聖書』に出てくるアダムとイブの物語をイザナギとイザナミの話が僻地《へきち》へ伝わってできたものであると記しています。鎖国の禁教時代でしたが、平田篤胤は『聖書』を知っていたわけです。しかし、この篤胤説は論外ですが、伝《でん》播《ぱ》論を証明しろと言われると難しい。人類はそもそも共通であるという論も、その真偽《しんぎ》は誰にもわかりません。でも、不思議とよく似たものがあります。

私は古代ギリシアやローマなどの地中海《ちちゅうかい》世界と日本の神話世界が、通じ合っているとは思いません。ギリシア人やローマ人は神々の神殿のみならず、パンテオンつまり万《ばん》神殿までこしらえていますが、日本人はそのような建築物を建てていないからです。

日本人はもともと、大木や石を神と見たアニミズム（生物以外にも霊魂が宿ると信じた）を生きていました。その後、伊勢《いせ》神宮のような社《やしろ》をこしらえますが、これは中国から伝来した仏教の影響による営為《えいい》です。だから、自然の彼方《かなた》に天照大神《あまてらすおおみかみ》を思い描いた日本人と、神殿を造ってジュピターやアフロディーテを崇《あが》めていたギリシア人やローマ人の間には、ギャップがあると思います。これは建築還元論にすぎるでしょうか。

佐藤 地中海沿岸は、ヨーロッパの他地域に比べても神殿の数が多いですね。いっぽう、ゲルマン人は巨木を信仰していました。

井上 バイキングなど北欧の神話世界は、神殿など建てませんでしたから、日本と響《ひび》き合う。でも、ギリシア・ローマはそれほど共通していないという印象が強いです。

佐藤 バイキングと日本の神話が似通っているとすれば、それは海洋民族としての共通性ではないでしょうか。

井上 九州地域に伝わる海の物語「百合若大臣《ゆりわかだいじん》」は、ホメロスの叙事詩である『オデュッセイア』のユリシーズを描いたところにそっくりです。明治時代に坪内逍遙《つぼうちしょうよう》は、『オデュッセイア』のユリシーズが日本で百合若大臣になった、と述べています。部下の裏切りから離れ小島に取り残された百合若がやっとの思いで自国に辿《たど》り着き、自分の妻を狙《ねら》った部下を弓で射止《いと》める後半のストーリーがまったく同じだからまちがいない、と。もちろん、反論もあり、伝播説の当否については長い論争史があります。

佐藤 百合若大臣の成立はいつですか。

井上 安土桃山時代でしょうね。早ければ、室町時代という可能性もあります。

佐藤　ということは、英語圏から直接来た可能性はありませんね。

井上　毛利元就《もうりもとなり》が、息子三人を前にして「一本の矢はすぐ折れるが、三本の束《たば》にしたらなかなか折れない。おまえたち三人も力を合わせなさい」と言った「三本の矢」伝説は有名ですが、これと同じ話が「イソップ物語」にもあります。この類似性について、「イソップ物語」が南蛮《なんばん》貿易の時代に長崎へ伝えられ、翻案《ほんあん》されたと考える研究者もいました。

しかし、中国の、たぶん鮮卑《せんぴ》族がつくった吐谷渾《とよくこん》という国にも同様な説話が古くからあり、これが中国から伝来して「三本の矢」になったと、一般には言われています。吐谷渾は七世紀、チベットの吐蕃《とばん》に滅ぼされるのですが、トルファン（現・中国の新疆《しんきょう》ウイグル自治区）に残っているマニ教の文献がイソップ物語を断片的に伝えていることもわかっています。

かなり古い時期にイソップ物語が中国の西域に届いていたことはまちがいない。それが吐谷渾の伝説に化《ば》けたのであって、そうであれば「三本の矢」伝説の根っこは、やはりイソップ物語だと考える人もいます。これらの諸説には、いわゆるエビデンスがないので、読書好きの娯楽にしかなりませんが。

佐藤　そうですね。ただ、神話が伝播する可能性は否定できないと思います。

神話が生まれる場所

佐藤　『旧約聖書』に出てくるエピソードは、ユダヤ人が自分の先祖の言い伝えをまとめたものだと思います。メソポタミア地方まで含めた広範な地域には、似たような伝承がたくさんあります。

井上　「ノアの方舟《はこぶね》」は、古代メソポタミアに広がった『ギルガメッシュ叙事詩』のパクリだと言われていますね。パクリという表現は、不適当かもしれへんけど。平田篤胤は「聖書に書かれた民族は洪水に見舞われているが、わが民族は尊《とうと》いから守られている。われわれの伝承には洪水《こうずい》がない」という趣旨の自慢話を書いていました。

佐藤　「ノアの方舟」もそうですけど、神話で描かれる「混沌とした世界」は、川の氾濫《はんらん》をイメージしているのではないでしょうか。チグリス・ユーフラテス川、インダス川、ナイル川、黄河《こうが》などではたびたび洪水が起きて、氾濫しました。だから、神話のパターンも似通っているとは言いすぎでしょうか。

井上　四大文明はどれも川のそばです。各地の神話には、ウォーター・フロントならではの共通性がある、ということですね。

佐藤　混沌とした泥《どろ》のなかから必死に浮き出ようとしたら、空と大地に分かれた。やっと外に出たら光が差したという天地創造の場面は、溺《おぼ》れていた人が助かるプロセスだという説明を聞いたことがあります。

井上　伝播論以上に論証は難しいけど、おもしろい話やね。

佐藤　文明発祥には、共通したパターンがあるのかもしれません。ギリシア文明はナイル川とチグリス・ユーフラテス川の両方の文明の影響を受けているので、当然ながら同じようなパターンが神話のエッセンスになる。そして、ギリシア神話が伝播した地域にも似通ったパターンの神話ができていった。これは、インダス川周辺、黄河周辺でも同様ですが、エビデンスはありません。

井上　もし佐藤さんの言う通りだとしたら、世界のいろいろな物語が似通ってくるのも宿命ですね。

佐藤　巨人が死んで大陸ができて頭が山に、目が太陽になったという巨人伝説のパターンや、世界はそもそも一個の卵で、卵が割れて世界ができたというパターンもあります。いずれも、その土地の人たちに受け入れられたから残ったということは確かでしょう。

井上　アフリカにも神話がありますね。

佐藤　アフリカは人類発祥の地であるにもかかわらず、古代神話が意外とわかっていません。ほとんどの人類はアフリカにとどまったらしいのですが、変わり者のグループがアフリカを出てヨーロッパからアジア、アメリカへと広がっていった。

井上　つまり、文明はオッチョコチョイがこしらえたということやね。

佐藤　ホモ・サピエンスのレベルで見ると、われわれはみなアフリカから外へ出たほんの一部の人たちの子孫だということになります。その一部の人たちが洪水伝説や天地創造の伝説、あるいは蘇《よみがえ》りの話などを持っていたならば、それが世界中に伝播したという可能性も考えられます。

井上　これは想像でしかありませんが、外へ出たがるオッチョコチョイほど〝話を盛りたがる〟可能性はありませんか。

佐藤　そもそも、そこにとどまっていたら、神話は必要ないかもしれません。

井上　霊長類研究からの受け売りですが、チンパンジーの群れにも、勢力がすごく伸《の》びる時期はあるそうです。逆に、ボスの代替わりで勢力が弱まったりすることもある。つまり、勢力分布が変化するわけです。ということは、チンパンジーにも歴史が存在するんじゃあないか。ただ、チンパンジーは文字を持ちませんから、記録されてこなかった。

佐藤　ボスが世襲で決まることも、喧嘩《けんか》で決まることもあるでしょう。人間社会と似たパターンで権力闘争もあるでしょうから、書き記したら、それは歴史になると思います。

日本の神話の特徴

井上　『古事記』や『日本書紀』が記すヤマトタケル伝承のひとつに、熊襲《くまそ》退治の話があります。――熊襲たちの酒宴に小碓命《おうすのみこと》（のちのヤマトタケル）が女性に成りすまして侵入したところ、熊襲のリーダーが小碓命を見初《みそ》める。そこで、小碓命が懐《ふところ》に忍ばせた刀で刺し殺す――。これが日本の英雄伝説として語り継がれているわけですが、女装をして敵を騙《だま》す英雄の話は、ヨーロッパにありますか。

佐藤　記憶にありませんね。もしかしたら『オデュッセイア』にあるかもしれません。

井上　『日本書紀』には、熊襲のリーダーが「手を携《たずさ》えて席《しきい》を同《とも》にして……戯《たわむ》れ弄《まさぐ》る」とある。でも、弄ったら男の子とわかる（笑）。しかも、「更深《よふ》け、人闌《うすら》ぎぬ」頃まで、「弄《まさぐ》」っているんですよ。女装者を弄《もてあそ》ぶ話って、神話としては相当珍しい。

『古事記』だと、熊襲のリーダーは兄弟ふたりで、小碓命はまず兄を刺し殺します。弟は逃げるのだけれども、小碓命は弟のお尻に兄から抜いた刀を突き刺した。そうしたら、弟は死に際《ぎわ》に「おまえは勇気のある男だ。おまえに自分たちの名前クマソタケルの『タケル』を贈呈する。これからは『ヤマトタケル』と名乗るがいい」と言った。お尻に刀を刺されながら名前を譲《ゆず》るというのは、ゲイのクライマックスに思えてしかたがない（爆笑）。

ギリシア神話にもゲイの話はあると思いますが、それが英雄の物語になる国や民族が他にあるのだろうか。

佐藤　いや、聞いたことがないですねえ。

井上　戦後の日本史学界では、英雄時代論争が戦わされました。ヤマトタケルをダシにして、日本の英雄時代を議論したのです。これは、ヤマトタケルが英雄であることを前提とした論争ですが、女装者を英雄にしてええのか。

佐藤　確かに、英雄のイメージとはかけ離れています。

井上　中国から来た留学生に、この伝説を説明して、「神話でも物語でも歴史でもいいから、中国に同様の話がありますか」と聞くと、異口同音《いくどうおん》に「そんなのは英雄のすることではありません」という答えが返ってきます。

日本史の研究者は記紀《きき》（『古事記』と『日本書紀』）神話について「朝廷を美化するため

に作られた話だ」と言いますが、これで美化したことになるのかと首を傾《かし》げます。女装した小碓命を、熊襲のリーダーは「かわいい男の子が来た」と喜び、歓迎した。世界に共通するところのない、日本神話のユニークな特徴がそこにあるとしたら、われわれの文化的遺伝子にはトランス（女装）とゲイが組み込まれていることになります。

女装する英雄

井上　日本で世界三大美女のひとりとされた楊貴妃《ようきひ》は、八世紀に唐《とう》の玄宗《げんそう》皇帝から寵愛された妃《きさき》でした。しかし、熱田《あつた》神宮に伝わる話では、楊貴妃が日本の男神になっています。

――玄宗皇帝が日本侵略を企《くわだ》てたので、日本の神々が熱田神宮に集まって会議を開いた。そこで、熱田の神様が「ワシに任せておけ」と引き受けて中国に渡り、女装して玄宗皇帝をたぶらかした。そして、玄宗皇帝を腑抜《ふぬ》けにして日本侵攻を食い止めた――。

実際、熱田神宮には、江戸初期まで楊貴妃の墓がありました。私は、その跡地で湧《わ》き水を見たことがあるのですが、その水を顔にかければ、美人になると言われています。真偽のほどは別として、日本の神話には女神もたくさんいるのに、なんでわざわざおっさんの神様が女装しなければいけないのか。これも相当に珍しい例です。

佐藤　同性愛の説話は、日本以外にも割とあります。紀元前四世紀にギリシアからオリエントに至る世界帝国を築いたアレクサンドロス大王（アレクサンドロス三世）が、同性愛者だったのは有名な話です。ギリシア・ローマ時代には、男女の愛は生殖目的であり、ある意味で動物的であって、最高の愛は男と男の愛だと考えられていました。

井上　「プラトニック・ラブ」とは本来、そのような意味ですね。

佐藤　日本でも戦国時代、「衆道《しゅうどう》」と呼ばれる男色《だんしょく》が一般的でした。時代によって強弱はありましたが、同性愛はタブーではありませんでした。しかし、女装は、それとは違います。歌舞伎でも、男性が女性を演じていますね。

井上　熱田神宮は、三種の神器のひとつ草薙剣《くさなぎのつるぎ》、つまりヤマトタケルの剣を祀《まつ》っている神社です。だから、男の神様が楊貴妃になるという物語が生まれたのかもしれない。

佐藤　なるほど。それなら納得できますね。

井上　平安時代末期、牛若丸《うしわかまる》（源　義経《みなもとのよしつね》の幼名）は女子の格好をして京都・五条《ごじょう》の橋を通った時、橋を通る武士たちから刀を奪い取っていた弁慶《べんけい》と出会います。弁慶は最初、女だと思って通行させますが、途中で男だと気づき、襲《おそ》いかかります。よくある襲撃なら、女をこそ襲いそうなものですが、まったく逆です。ここにもゲイ・テイストを感じます。まあ、この物語ができるのは室町時代ですが。

佐藤　『義経記《ぎけいき》』のなかで、義経はよく女装をしていますね。

井上　義経は夜盗《やとう》に囲まれたことがあります。夜盗たちが寝ていた義経を見て女性だと勘違いし、強姦しようと囲んだ。それに気づいた義経は自分を女性だと思い込ませたまま、油断をさせて相手を倒した。これも、ヤマトタケル・パターンの英雄物語です。わが民族はこういうのが好みなのでしょうか。

　現代でも、大相撲において小兵《こひょう》・舞《まい》の海《うみ》が猫騙《ねこだま》しのような技で、大きな力士を倒すと喝采《かっさい》が起こります。考えようによっては卑怯《ひきょう》な手なのですが、われわれにはそれらを好むところがある。まあ、今のヒーローは炎鵬《えんほう》かな。ヨーロッパではどうでしょうか。

佐藤　小さい人が大きい人を倒して盛り上がるということはあります。それこそ『旧約聖書』に出てくるダビデとゴリアテの物語も、石を投げて倒すわけですから、ある意味で卑怯なやり方です。

神話はどのようにして広がったか

佐藤　これは次章で詳しく述べますが、アレクサンドロス大王の時にギリシアの勢力圏が一気に広がりました。アレクサンドロス自身もインドの手前まで東征し、多くの人たちはさらに東に行きましたから、ギリシア神話が伝播した可能性があります。

井上　イスラム教徒たちは、アレクサンドロスを「イスカンダル」と言います。われわれにとってイスカンダルは、「宇宙戦艦ヤマト」というアニメのなかで主人公たちが目指した星の名です。実は、このイスカンダルを中国の漢字にすると「韋駄天」になります。こちらは、NHKの大河ドラマになってしまう（笑）。

佐藤　私たち日本人は、イスラムの人たちが「イスカンダル」と呼んで親しみを感じていることを不思議に感じます。しかし、イスラムの人たちから言わせると、自分たちの土地をかつて支配していた大王であり、自分たちはアレクサンドロスの直系であるという意識もあるようです。アレクサンドロスはマケドニアから遠征してペルシア全域を支配下に置いていますからね。

時に神話が伝播したとすると、都《みやこ》から地方に下るルートだったと思われますか。

井上　日本は戦後、衣食住がかなり欧米化されました。だけど二十一世紀の現在でも、家のなかで靴を履く人はめったにいません。やはり、そこから先、西洋式の土足は受けつけないという歯止めのようなものがあると、感じます。文化は上にあると見なされたほうから、裾野《すその》に流れていくのでしょうが、裾野には裾野で防衛線があるわけです。

ギリシア人はエジプトの「アモン・ラー」という神をゼウスになぞらえ、ギリシアの神々も実はエジプトの神々と同じだという屁理屈《へりくつ》をこしらえていきました。これは、八百万《やおよろず》の神々を仏《ほとけ》の化身《けしん》であるとする日本の本地垂迹《ほんじすいじゃく》説に通じ合う。建築様式を見ているかぎり、エジプトのほうが先輩ですしね。

佐藤　建築についてはそうでしょう。

井上　十九世紀は帝国主義の時代でした。ヨーロッパの学者たちは、インドの東まで進出する自分たちをアレクサンドロスの延長上に思い描きたかったように思います。パキスタン北西部からアフガニスタン南部におよぶガンダーラで、すこしでもギリシアっぽい仏像があれば、すばらしいと賞賛する。逆に、インドっぽい仏像は評価しない。歴史に託《かこつ》けながら、インドへの侵略を美化したのかな。インドの人にしたら、失礼な話です。

佐藤　ヨーロッパ人は西から東に行くパターンが好きで、東から西に来るパターンをなかなか認めないところがあります。十九世紀の産業革命以後、自分たちの力が強くなってイスラムが衰退したところから過去を見るので、近代ヨーロッパの人たちはイスラムが先進国であり、ヨーロッパはイスラムからいろいろなことを学んだ事実を長く認めませんでした。

井上　明治以後、ヨーロッパに学んだ日本の教育もその余波をかぶっています。百合若大臣伝説の舶来《はくらい》説も、ギリシア・ローマのおこぼれをいただけてうれしいということでしょう。

第2章

世界史を変えた遊牧民

すべてはアレクサンドロスから始まった

佐藤　世界史はアレクサンドロス大王から始まったと、私は考えています。マケドニア国王だったアレクサンドロスは紀元前四世紀にペルシアを滅《ほろ》ぼし、ギリシアからエジプト、オリエントを支配下に置きます。さらに、東征軍を編成してインド北西部まで遠征して、世界帝国を築きました。それまでは地方ごとの地域史でしかなかったのが、ヨーロッパ、アフリカ、アジアと制したアレクサンドロスによって、世界史になった。

ローマ帝国の英雄ユリウス・カエサルは「アレクサンドロスと同じ年齢になったのに、私はまだ何もしていない」と嘆《なげ》きましたが、アレクサンドロスがその後の歴史に与えたインパクトも大きかった。つまり、以後は世界を意識せざるをえなくなったのです。

井上　カエサルもパルティア侵攻を夢見ていたんでしょうね。アレクサンドロスが出てきた背景について、どのように見ますか。

佐藤　古代ギリシアでは紀元前九世紀頃から、ポリス（都市国家）が力を持ちました。その領域は狭く、まさに目に見える範囲で世界が完結していましたが、そこでは何も悩まずに暮らすことができました。ところが、アケメネス朝ペルシア帝国がギリシアに遠征したペルシア戦争（紀元前五〇〇～同四四九年）や、アテネを中心にしたデロス同盟とスパルタを中心にしたペロポネソス同盟が戦ったペロポネソス戦争（紀元前四三一～同四〇四年）を経て、ポリスが一気に衰退。そこでの生活が成り立たなくなりました。

この時生まれたのが、ギリシア哲学です。ポリスが頼りにならないので、人間はどう生きるべきか、自分で考えなければならなくなり、哲学が生まれたわけです。政治的には、アレクサンドロスを輩出するマケドニアが登場します。まず父のフィリッポス二世ですが、もう小さなポリスが横並びになる時代ではないと、抜きんでた力で主導権を握り、一気にギリシア統一を実現したのです。

井上　ギリシア人たちにしてみれば、マケドニアなど北の辺境でしょう。そんな田舎者に頭を下げるのは、複雑な気持ちやったろうね。

佐藤　ギリシアはそれまで、ペルシアにだけは敵《かな》いませんでした。ペルシアは同盟の盟主的な存在で、ギリシアにとって目の上のタンコブだった。ところが、フィリッポス二世が遠征を計画、息子のアレクサンドロスが果敢に攻め込んだ。

それまでペルシアとの戦争と言えば、ギリシアに攻め込んできたペルシア軍を追い返すのがやっとでしたが、この時はギリシア側からペルシアに攻め込み、大勝してしまうわけです。最大の夢だったペルシア打倒が、あっけなく実現してしまった。この時、アレクサンドロスは世界征服を思いついたと私は考えています。

アレクサンドロスを馬鹿にしたギリシア人

井上　アテネの人たちは、アレクサンドロスを馬鹿にしていました。ペルシアに侵攻してからも、蔑《さげす》んでいたでしょう。アレクサンドロスにすれば、連れてきているギリシア人たちも、実際には自分のことを見くびっている連中であり、いつまでついてくるかわからない。軍人としてはペルシアにいる人たちのほうが信用できたかもしれない。

アレクサンドロスは、ギリシア人たちをペルシアに入植させようともしています。これも、ペロポネソス半島の反マケドニア分子を僻地へ追い出す、つまり不満分子を処理する方法のひとつだったかもしれない。アレクサンドロスに動員されたアテネの人たちは、どんな気持ちだったのでしょうか。

佐藤　ペロポネソス半島の先進地域の人たちは、やはりイヤイヤついて行ったようです。そして、ペルシア軍との戦いで勝利すると、さっさと帰国してしまいます。その先は、マケドニアの兵隊だけで遠征しています。

よく、ギリシアの哲学者アリストテレスが、家庭教師として熱心にアレクサンドロスを教えていたと言われますが、真相は違います。アリストテレスは、フィリッポス二世の要請でマケドニアに来ましたが、数年後にはアテネに帰ってしまいました。アリストテレスですら、マケドニア人は田舎者で野蛮だと馬鹿にし、差別的な発言を平気でしていたのです。

井上　ローマ人がゲルマン人を蔑むような感じですか。

佐藤　ローマ人とゲルマン人は異民族ですが、ギリシア人とマケドニア人は同じ民族です。当時、何をもってギリシア人としたかと言えば、ひとつはオリンポスの神殿を拝《おが》むこと。もうひとつはオリンピックに出ること。それが、ギリシア人の証《あかし》でした。ですから、「ギリシア人になりたい」「俺たちもギリシア人だ」と、マケドニア人は必死でオリンピックに参加しようとしました。これがまた嘲笑《ちようしよう》の種になる。民主制もなくて、王なんか担《かつ》いでいる田舎者がはりきっているぞ、みたいな。異民族だったら畏怖《いふ》の念もあるでしょうが、仲間内なので軽蔑の度合いがよりきつかったようです。

井上　アレクサンドロスは、中央アジアのソグディアナへ攻め込んだ時に、地域を束《たば》ねる豪族の娘と結婚しますね。これは単に手をつけた、愛人にしたという話ではない。正式な結婚であり、最初の結婚でした。ソグド人の激しい抵抗に遭《あ》い、それと折り合いをつけるための縁組《えんぐみ》だったのでしょう。妻の名をロクサネと言います。

八世紀、唐で反乱を起こした安禄山《あんろくざん》（第4章で詳述）も「ロクサン」、そして「ロクサネ」は、ソグド語で「光に属する」を意味します。エドモン・ロスタンの戯曲『シラノ・ド・ベルジュラック』の「ロクサーヌ」がどういう意味なのかはわかりませんが。

佐藤　いや、そのロクサネから引いてきた名前です。アレクサンドロスの妻になったから広がったのかもしれませんが、ロクサネ、ロクサナ、ロクサーヌはヨーロッパには割とある名前です。

井上　中国から欧州に至る広いエリアへ、同じ名が普及した。ところで、シリアやエジプトには、クレオパトラという名前のおばさんがいっぱいいると聞きましたが（笑）。

佐藤　アレクサンドロスの妹にも、クレオパトラがいます。ギリシアやシリアあたりでは、普通にある名前のようです。

失敗した集団結婚

井上　アレクサンドロスはそもそも、ギリシア文明を伝えたのでしょうか。むしろ、ペルシアの王様になったと考えたほうがいいと思いますが、佐藤さんはどう考えますか。

佐藤　アレクサンドロスは確かにあまりギリシア的ではありません。ペルシア王になり、ペルシア風宮廷を造ったりもしています。ギリシア人とペルシア人が通婚することで新たな世界民族をつくろうという考えはあったかもしれませんが、ギリシア文明を広めようという意識が強くあったとは思えません。ただ、アレクサンドロスが三二歳で亡くなったあと、将軍セレウコス（セレウコス朝シリアの創始者）やプトレマイオス（プトレマイオス朝エジプトの創始者）たちが領土を分捕《ぶんど》ります。彼らはギリシア人であり、征服王朝として人々にギリシア風を強制したと思います。

井上　アレクサンドロスはスーサで集団結婚をさせましたが、のちに、ほぼ全員が離婚しました。生まれた子どものなかにはペルシア人か、ギリシア人なのかわからない子どもがいました。アレクサンドロスには、のちのローマ軍で見られたように、彼らを育てて親衛隊を作ろうという思惑《おもわく》があったのかもしれない。ローマで「奴隷《どれい》」と呼ばれた人たちには、戦争の捕虜だけでなく、孤児も含まれていました。孤児は養親《ようしん》の言うことを忠実に聞く傾向が強いので、いい兵士になると言われています。

セレウコス一世は、例外的に集団結婚の相手だったアパメーと添《そ》い遂《と》げました。それと同時に、旧ペルシア帝国領を譲《ゆず》り受ける立場になり、アパメーを生涯にわたって大事にしました。アレクサンドロスと同様、ペルシア風の衣裳を身に纏《まと》っていたので、セレウコス一世もギリシア文明を広めるより、ペルシアになじもうとした人だったのではないでしょうか。

佐藤　そうかもしれません。ただ、不思議なのはセレウコス一世にしても、プトレマイオス一世にしても、治めた地域がギリシア語の世界に変わっていったことです。

井上　言葉はギリシア風になったけれども、ファッションはペルシア風になった。ここが、世界史のミカタとして大事なところです。異文化が入ってきてすべてを押し流していくのではなく、入ってきた人たちが逆に現地の文化に染まってしまうこともあるのです。言葉については、ギリシア語が広がったのはまちがいありません。

佐藤　ギリシア語の世界になり、ペルシア語が蘇《よみがえ》るのは相当あとになりました。

井上　ペルシア語を蘇らせたのは、トルコ人たちでしょう。トルコ語にすればいいのに、なぜかペルシア語でした。ローマ人たちも、しばらくはギリシア語を使っていました。

佐藤　ローマ人はラテン語を世界に広めたようなイメージがありますが、ローマ人にとって国際語は先進地域の言葉、すなわちギリシア語でした。ただ、ローマでギリシア語が広がったのは、日常語ではなくテクニカル・タームとしての用途です。セレウコス朝でも、支配しているギリシア人と話したりする時や、法律や経済はギリシア語だったけれども、日常の言葉はペルシア語だったと思います。これは現在、世界中で英語が使われていますが、日常語が英語になっていないのと同じことだと思います。

井上　アレクサンドロスはペルシアの皇帝風にふるまい、ギリシア人に嫌われました。アレクサンドロスに「俺の前でひざまずけ」と言われても、君主に跪拝《きはい》する習慣を持たず、民主政になじんでいたギリシア人とすれば、「何様や思てんねん」というところでしょう。ただ、ペルシアの広大な土地を治めていくためには、ペルシア風にしたほうがいい。統治がスムーズにいくことはまちがいない。

佐藤　アレクサンドロスは、ギリシア人に嫌われていたと思います。インド遠征など、長大な距離を行軍させられ、兵士たちは辟易《へきえき》していました。反乱の恐れもあって、やむなく帰路に就《つ》いたわけです。また、アレクサンドロスの父親を含め、先祖には暗殺されている者もおり、自分も殺されるかもしれないと思ったかもしれません。ならば、親衛隊を考えてもおかしくはありません。

井上 ということは、遠征の結果としてヘレニズム文化が届いたのであって、アレクサンドロスがヘレニズム文化をアジアに届けようとしたわけではなかった。

佐藤 アレクサンドロス自身に明確な意識があったかというと疑問ですね。ただひたすら行けるところまで行ってやろうということだったのでしょう。

井上 あと一〇年生きていたら、インドに再遠征して、インドの王様になっていたかもしれませんね。

佐藤 そこはわかりません。未完のまま、終わってしまったなあという感じです。

エンタシスのルーツ

井上 アレクサンドロスの東征によって、アフガニスタンあたりにギリシア風の美術が伝わったと言われます。そのルートを通って、仏教が日本に伝わったので、法隆寺《ほうりゅうじ》の柱にエンタシスのふくらみがあると、私は中学校の時に習いました。佐藤さんはどうですか。

佐藤　私も習った時は「そうか」と思ったのですが、よく考えると、時代がかなり離れています。本当にそんなことがありえるのかと、今は疑問を感じます。

井上　実はアレクサンドロスの時代、エンタシスはすでにギリシアの建築からなくなっていました。あれはアルカイック期の古い形式なんです。だから、イラン東部やアフガニスタン、パキスタンにはエンタシスの柱を持つ建築遺構がありません。アレクサンドロスがここに入るのは、紀元前三三〇～同三二〇年頃ですが、このあたりに当時はまだ仏教も届いていません。確かに、ガンダーラの仏教美術にギリシア風の衣裳、たとえば女神の羽織物などが投影されていますが、それもアレクサンドロスの影響ではなく、あとでローマ人が交易を通じて伝えたものでしょう。

中国の北方にある雲崗《うんこう》の石窟《せっくつ》寺院では、柱の中ほどをややふくらませている例があります。これこそがエンタシスのルーツと考えられます。このあたりは遊牧民である鮮卑《せんぴ》族が興《おこ》した北魏《ほくぎ》のあったところで、法隆寺のエンタシスが国外からの影響とするなら、起源は北魏にあったことになります。それは明治時代からわかっていたのですが、日本の読書人たちは「鮮卑族がルーツだ」という話を好まなかった。やはり、ギリシアに起源があるという説を好んだのです。中国の遊牧国家より、ギリシアをありがたがったんですね。

今でも法隆寺に行くと、観光バスのガイドさんが中学生を案内して「みなさん、これがエンタシスです。ギリシアから伝わったのです」と解説している光景を見かけます。また、韓国に、百済《くだら》時代の宮殿や寺院を復元したテーマパーク（百済文化団地）もありますが、建物の柱をふくらませて「ギリシア風」と言っています。ギリシア文明への憧《あこが》れは根強いのかもしれません。

王になれなくても、皇帝にはなれる⁉

井上　アレクサンドロスが大帝国を築いたあと、世界史に登場した大帝国がローマ帝国です。しかし、その皇帝はあまり血筋では選ばれませんでした。特に軍人皇帝時代（二三五〜二八四年）には、軍閥のボスみたいな人たちが入れ代わり立ち代わり、皇帝になりました。あれは、どこかに共和国の構えを残しているということなのですか。

佐藤　ローマ皇帝とは、もともと役職なのです。継承がスムーズという理由で世襲が続いた時期もありますが、基本的には誰でもなれる地位です。

井上　人望がある人や、大衆の喝采を浴びた人が皇帝になるのですか。

佐藤　ローマ帝国と言い、皇帝と言いますが、その実は元老院主導《げんろういん》の共和政であり、元老院の承認を経て、正式に「皇帝」と認められました。ですから、称号は「共和国の皇帝」です。それが途中から「共和国の」が取れ、民主的な手続きが省《はぶ》かれて専制君主政になりました。ただ、専制君主政になっても、皇帝を役職と考える風潮は変わらなかったようです。

井上　十九世紀初頭、第一執政からフランス皇帝になったナポレオン・ボナパルト（ナポレオン一世。以下、特別の表記がない場合はすべてナポレオン一世を指す）のような存在だったということですか。

佐藤　ナポレオンが「自分が皇帝になれる」と思ったのは、ローマのしくみがあったからのようです。第一執政はラテン語で「コンスル」、フランス語で「コンシュル」です。ローマのカエサルはまず「コンスル（執政官）」になり、その後、非常時に置かれる「ディクタトル（独裁官）」になります。さらに終身独裁官となって、一カ月後に暗殺されます。そのあとを継いだアウグストゥスが「インペラートル（皇帝）」という称号を作ったのです。ナポレオンは自分も民主政のなかでコンシュル（執政）になったのだから、王になるのはおかしいけれども、ローマに倣《なら》って皇帝になることはできると考えたわけです。

井上　ローマ教皇（以下、教皇）から承認を得られた者だけが皇帝になれるという話を聞いたことがあります。西ローマ帝国皇帝になったカール・デア・グローセ（カール大帝。フランス名はシャルルマーニュ、のちの「ヨーロッパの父」）の戴冠《たいかん》以後、ローマ教皇から帝冠を授けられることが慣習となりました。教皇に戴冠されなければエンペラーになれないとするなら、大日本帝国の天皇は、ヨーロッパの外交文書でどのように処理されていたのでしょうか。

佐藤　文書では「エンペラー」となっています。実は、聖職者による戴冠は、西ローマ帝国だけです。東ローマ帝国を継いだビザンツ帝国では、コンスタンティノープル総大主教から戴冠されるわけではありません。皇帝は役職なので、自分で任命式みたいなことをするだけです。

井上　だから、西ヨーロッパの外交文書も、エチオピア皇帝のハイレ・セラシエを皇帝として扱ったわけだ。

佐藤　そうです。ムガール帝国の皇帝も同様です。

異民族に寛容だったローマ帝国

佐藤　ローマでは、異民族がスターになることがありました。たとえば、剣闘士《けんとうし》は外国人奴隷が多かったのですが、今で言うプロレスのスターに近い人気を誇りました。その衣裳もローマ的ではなく、異国情緒のあるものを着ていました。それをかっこいいと思う感覚があったのでしょう。

井上　世界各国の剣闘士がさまざまな衣裳で入ってきたとすると、コロッセオ（円形闘技場）はさながら万国博覧会の会場のようなものか。異民族への抵抗感は、あまりなかったとすると、やはりローマは世界帝国やね。

佐藤　ローマ帝国はそれだけ寛容だったということでしょう。異民族出身の皇帝も存在しました。

井上　ペルシアもペルシア風を強制したわけではなく、各地の宗教を認めました。帝国をつくるというのはそういうことでしょう。中国大陸で天照大神が主神となる神社を造った大日本帝国には、そのゆとりがなかったのです。

アメリカはいまだに、ローマを意識していますね。たとえば、通貨ドルのマークが

「D」でなく「S」になっているのは、一〇〇〇年にわたって使用された東ローマ帝国（ビザンツ帝国）の通貨ソリドゥス金貨に肖《あやか》ったからです。現在、日本の大学の法学部に御成敗式目《ごせいばいしきもく》（鎌倉幕府が一二三二年に定めた基本法）の研究者はほとんどいませんが、アメリカの大学にはローマ法を学ぶ学生がたくさんいるそうです。

佐藤　ただ、彼らが学んでいるローマ法はカエサルの頃にはなく、ローマ帝国が東西に分裂したあとにできた東ローマ帝国で編纂されたものです。当時の法学のメッカは、ベイルートでした。そこで編纂されたものが、ルネサンス時代にヨーロッパで見直されて、成立したのが『ローマ法大全』です。ですから、一度失われたものを東ローマ帝国で取り戻そうとした動きなのです。

井上　ベイルートはイタリアじゃあないけれども、ルネサンスに先駆《さきが》けていた。

佐藤　このように、再発見してはありがたがることが、今日《こんにち》に至るまで繰《く》り返されてきたパターンのように思います。

井上　京都の朝廷でも、力を失った戦国時代以後に故事来歴《こじらいれき》調べが発達しました。それとともに、平安時代へのロマンがふくらんでいきました。人には国や権力が衰《おとろ》えた時だからこそ、歴史への夢をふくらますというようなところがあるかもしれません。

佐藤　イタリア語はもちろん、フランス語やスペイン語もラテン語直系の言葉です。いっぽう、ドイツ語はゲルマン語直系です。フランスにすれば、ドイツは野蛮なゲルマン語のままだということになり、ドイツから見れば、「おまえたちは征服されたからローマの言葉を使っているのだ」ということになります。

井上　ドイツには、西暦九年にドイツ北西部のトイトブルクで、ゲルマン人がローマ人を蹴散《けち》らしたと、誇らしげに語る人がいます。神聖ローマ帝国（中世・近世ドイツの呼称）時代には、ドイツ人が皇帝だったわけですから、野蛮と言われたら心外でしょう。

佐藤　やはり、そこには複雑な感情があるのでしょうね。

中国史でも、ヨーロッパ史でもない、世界史のミカタ

井上　話をギリシア時代に戻しますが、ギリシアとペルシア帝国の戦争を、ギリシアの歴史家で「歴史の父」と呼ばれたヘロドトスは、「ペルシア戦争」と呼んでいます。いっぽう、ペルシアのダレイオス大王（ダレイオス一世）にとって、最大の敵は黒海《こっかい》の北方にいるスキタイだったと思うのです。スキタイ対策がペルシア帝国防衛の生命線で、ギリシア

についてはそれほど心配せず、攻め込まれるとも思ってなかったのではないでしょうか。

ギリシア側にすれば、ペルシアの侵略を許さなかった。だから、ヘロドトスは「ヨーロッパがアジアに勝った」と書いたわけですが、これは非常にヨーロッパ的な見方です。世界史のミカタに立てば、ペルシアにとってはスキタイ対策のほうがずっと重要でした。

ダレイオス大王はスキタイを退治するために、軍勢を引き連れて黒海沿岸を北上します。これについて、ヨーロッパ史の研究者は、黒海沿岸のギリシア小都市を主な舞台と見なす観点から描きがちですが、ダレイオス大王の眼中に、ギリシアはなかった。スキタイの領域に入ると、スキタイ軍はどんどん退《しりぞ》く。それで、ダレイオス軍はどんどん攻め入るのですが、兵站《へいたん》が伸《の》びきって、後方軍と連絡が取れなくなる。そこへ、スキタイの大軍勢が総攻撃をかけてペルシア軍を殲滅《せんめつ》しました。まるでナポレオンを相手にしたロシア軍、ナチス・ドイツを打倒したソ連軍と同じです。もしかすると、敵を深く招き入れて、兵站が伸びきった時に叩く戦法は、スキタイの頃からずっと続いてきたのかもしれません。

余談ですが、『銀河英雄伝説』(田中芳樹《たなかよしき》著)で、自由惑星同盟軍を迎え撃つラインハルトが採《と》った作戦も、これですね。

ちなみに、私は今のロシアも民族的にはスキタイがルーツだと思っています。スキタイは想像以上に領域が広く、その工芸品は中国の南方あたりでも出土します。のちのモンゴル帝国ほどではありませんが、黒海、カスピ海の北からアラル海、アルタイ山脈あたりまで行き来していた。家畜をともない馬で動くから、兵站線の心配がなく、活動範囲は相当広かったと思います。

佐藤　遊牧民と農耕民では、活動範囲も、その意識もまったく違いますからね。

井上　この数百年後、匈奴《きようど》は中国の北方に勢力を広げ、漢《かん》帝国と向き合いました。小説家の司馬遼太郎《しばりようたろう》さん（故人）の作品で知られる項羽《こうう》と劉邦《りゆうほう》は、まさにこの頃を生きた中国史上の人物です。劉邦は一度、匈奴に攻め入ったことがあります。その時、匈奴はどんどん退き、漢軍は兵站線がギリギリまで伸びきったところで叩かれ、敗北を喫《きつ》しました。その後、漢帝国は匈奴に頭が上がらなくなります。中国大陸の各王朝が周辺諸国から朝《ちよう》貢《こう》を受けたのが中華世界であると、私たちは理解していますが、初期の漢は事実上、匈奴に朝貢していました。王族を人質として差し出し、王昭君《おうしようくん》のような美女を与え、貢物《みつぎもの》を届けて、侵攻を思いとどまらせていたのです。

つまり、ユーラシア大陸西側のペルシアとスキタイの関係は、ユーラシア大陸東側の漢と匈奴の関係によく似ている。この構図は、その後もずっと続きます。中国史でも、ヨーロッパ史でもない、中央アジアの勢力を公平に評価する世界史のミカタに立脚すれば、歴史はそう見えます。ところが、中国史の研究者は黄河より内側の勢力争いに興味を寄せやすく、ヨーロッパ史の研究者は民主的なギリシアが専制的なペルシアをどうあしらったかといった観点で研究してきたわけです。

佐藤 要は、話を作った人がそれを勝手に広げたということですね。

井上 ただ、すごいと思うのは、漢の歴史家で『史記《しき》』を記した司馬遷《しばせん》が、漢帝国には匈奴の属国めいた一面があったことをきちんと書いている点です。中国史家のなかには、司馬遷を蛮族びいきだと腐《くさ》すむきもあるぐらいです。

佐藤 ペルシア戦争に関しては、ペルシアにすれば、ギリシアとの戦争は片手間だったでしょう。実際、ギリシアはペルシア領に入っていませんし、逆にペルシアはトラキア、マケドニアまで勢力下に置いています。だから、大局から見れば、ペルシア側が勝った戦争だったと思います。

遊牧民のインパクト

井上　梅棹忠夫《うめさおただお》さん（国立民族学博物館初代館長、故人）は、次のようにおっしゃっておられました。遊牧民は季節に応じた牧草を求めて移動するので、土地を与えられて主従関係を結ぶという封建制の関係が成り立ちにくい。むしろ、土地は自由に行き来《いき》するところになる。土地が欲しい農耕社会、つまりユーラシア大陸の両端に封建的な世界が成立し、真ん中の草原が封建制と関係ない世界になる――と。

佐藤　確かに、社会原理が異なりますね。

井上　梅棹さんは言い切りました。日本とヨーロッパはよく似ている、と。確かに、アジアの中央にいた、移動する遊牧民と比べれば、たがいに通じ合う。

佐藤　遊牧民には、わからないことが多いです。ギリシア、ペルシア、中国の感覚で言う「国家」を必ずしも求めていませんし、領土という概念もかなり違います。だから、歴史になりにくかったのでしょう。しかし、実相として、世界史に与えたインパクトは大きかった。

井上　私もそう考えています。法隆寺にある国宝の四騎獅子狩文錦《しきししかりもんきん》には、ペルシア・ソグドあたりの連珠文《れんじゅもん》という文様が見られます。こうした意匠を中国に届けたのは、遊牧民でしょう。遊牧生活の延長で、商売に目覚《めざ》めたソグド人がユーラシア大陸を行き来して、ペルシアにも中国にも出入りする。あまり文献が残ってないため、これらを全体的にとらえるのはなかなか難しい。でも、ヨーロッパの帝国主義が世界を席巻する十九世紀までは、侮《あなど》れない動きをしていたと思います。

佐藤 確かに、中国史やヨーロッパ史ではとらえきれない、歴史の新たな相貌《そうぼう》が現われてくる可能性がありますね。

井上 ヨーロッパの貴族に絹織物を届けたのも、ソグド人やウイグル人といった遊牧民たちではないでしょうか。歴史学者の石田幹之助《いしだみきのすけ》さん(國學院大学教授などを歴任、故人)に『長安《ちょうあん》の春』という名著がある。これによると、唐の初期、長安の都《みやこ》にはナイトクラブやキャバレーのような施設があり、白人であるコーカソイドの人たちが芸をしていて、金髪のダンサーもいたそうです。

東洋と西洋は並行進行する

井上　ペルシア帝国のアケメネス朝時代にはスキタイが黒海の北に勢力を保っていましたが、スキタイはその後、サルマタイ、サルマキアと変わっていきました。このサルマキアの武闘集団に女性がいて、その墓を発掘すると刀が出土します。もしかするとヘロドトスが書いた「アマゾネス」は、サルマキア人女性ではなかったか。これは日本神話に見られた女装ではなく、男装ですね。

佐藤　ほお。初耳です。

井上　二世紀の半ば、中国の北で鮮卑《せんぴ》が新しく興《おこ》ります。勢力争いに負けた匈奴は西に逃《のが》れ、サルマタイあたりに居座《いすわ》った。この時、匈奴が直接、黒海沿岸まで入ったのか、匈奴の移動にともなって、トコロテンのようにさまざまな民族が押し出されたのかはわかりません。

ただ、中国にいたソグド商人が故郷のサマルカンドにあてた手紙が残っているのですが、そのなかに匈奴のことを「フン」と呼んでいる件《くだり》があるのです。もちろん、単なる個人名かもしれませんが、フン族が匈奴だった可能性はあります。また、四世紀後半からさかんになるゲルマン人の大移動も、実はフン族に押されたコーカソイドの大移動ではなかったのか。

漢帝国は鮮卑族の侵入で滅び、異民族を含む小さな国々が乱立する五胡《ごこ》十六国の時代になりました。いっぽう、ヨーロッパでも西ローマ帝国が潰《つい》えて、小さな勢力が乱立します。つまり、ユーラシアの西と東でよく似た展開になっている。どちらも、古代帝国が潰《つい》え去り、中世的な小国家群ができては消えていく。その後を見ても、西ではローマからすれば異民族であるカール大帝が仮初《かりそ》めのローマ帝国をつくり、東では楊堅《ようけん》（文《ぶん》帝）が中国を統一して隋《ずい》をつくりました。

世界史のミカタを標榜する私には、ユーラシア史が左右対称に見えるわけです。西のローマ帝国、東の漢帝国を崩壊させる決定的な原動力になったのは、遊牧民たちの動きであった。そして、中世には、どちらでも擬似《ぎじ》古代国家が再建されたということです。

佐藤　なるほど。隋や唐で鮮卑族は一部の支配階層だったわけで、言わば成りすましのような格好ですね。ゲルマン人も人口としては一部で、首のすげ替えという形で新たな支配階層になった。確かに、東西でパラレルな現象のように見えます。

井上　ユーラシアの西では文字をローマ字と呼び、文学にはロマン主義などがあります。

これらは、滅びたローマ帝国に由来します。いっぽう、ユーラシアの東では文字を漢字、文章を漢文と言いましたが、滅びた漢帝国に由来しています。クラシックはローマと漢、この点も、東西で似ています。

第3章　宗教誕生と、イスラム世界の増殖

なぜ、多神教から一神教が生まれたのか

佐藤　ユダヤ教、キリスト教、イスラム教は、いずれも中東エリアで生まれた宗教です。そのなかで、もっとも早いのがユダヤ教ですが、元を辿《たど》るとエジプトにルーツがあると言われています。そのエジプトを含め、当時の世界は圧倒的に多神教が多かったので、なぜ多神教から一神教になったのかという疑問があります。

ユダヤ教の『聖書』を見ると、唯一神とされる「ヤハウェ」だけでなく、「バアル（嵐や雨の神）ではなくヤハウェを拝《おが》め」などのように、他の神々の名前も出てきます。ということは、『聖書』においても、ヤハウェが唯一神という認識ではない。

井上　サウジアラビアのメッカにあるイスラム教のカーバ神殿も、本来はローマにあるパンテオン（さまざまな神を祀《まつ》る万《ばん》神殿）のような施設だったと聞いたことがあります。

佐藤　もともとは、多神教の施設でした。いつ、どのタイミングで一神教ができたのかについては諸説ありますが、ひとつはエジプトのアモン・ラー信仰（テーベの都市神アモンと太陽神ラーが結合した信仰）に反旗を翻《ひるがえ》したアメンホテプ四世の時だという説です。

井上　都《みやこ》をテル・エル・アマルナに移した王ですね。

佐藤　権力を持つようになった神官団の影響力を排除するため、アメンホテプ四世はアモン・ラーや他の神々への信仰をやめて、アトン（太陽神）のみを信仰することにしたのです。それまでエジプトの神々は彫刻になっていましたが、アトンは彫刻のみならず、絵にすることもしませんでした。結局、神官団の怨《うら》みを買って、アメンホテプ四世は殺されました。次に即位したのがツタンカーメンです。ここから一〇〇年以内に起きたのが、この地にいたユダヤ人の「出《しゅつ》エジプト」と言われています。

井上　つまり、一神教的な考え方の大本は、エジプトで築かれたかもしれないわけですね。

佐藤　アトンを信仰した人たちは、アモン・ラーの神官団に追い払われましたが、その追い払われたグループのひとつがユダヤ人のグループで、エジプトからシナイ半島に行ったのではないかと考えられています。

井上　アメンホテプ四世の志《こころざし》を継《つ》いだのは、ユダヤ人ということですか。

佐藤　最初から一神教だったのではなく、他の神々を否定して一神教になったわけです。そして、ユダヤ人にとって、神はヤハウェだけとなりました。その神の言うことを聞かなかったために、「バビロン捕囚《ほしゅう》」という神罰を受けた。それを物語にして『聖書』ができていきました。このように見ていくと、ユダヤ教はユダヤ人が特殊な状況のなかでつくり出した特殊な世界観であって、世界宗教になるべくしてつくったものではないことがわかります。その流れからキリスト教が分かれ、独自の発展を遂げていきました。

イスラム教は最先端宗教⁉

佐藤　その後、さらにイスラム教が分かれます。キリスト教側は断じて認めませんが、イスラム教では、ムハンマドが最後で最高の預言者とされています。預言者とは、地上において、神より言葉を預かる人のこと。つまり、ユダヤ教もキリスト教もイスラム教も同じ神で、モーセ（モーゼ）やキリストも偉大だったけれども、アップデートした最新バージョンの言葉を預かったのが、ムハンマドであったということになります。

井上　キリストも預言者のひとりとして、イスラム教の聖典『クルアーン（コーラン）』に挙げられていますね。

佐藤　イスラム教は自分たちが最新で最高だという自負をもとに、大発展を遂げていきます。イスラム教が広がったエリアは、まさにアレクサンドロス大王が支配したエリアであり、ギリシア語の先進的な文化が残っていました。イスラム教はそれらの文化を吸収し、ギリシア哲学なども受容していったわけです。その結果、イスラムはあっというまに科学技術でもヨーロッパを追い越し、ものすごい勢いで発展しました。これは、世界史上でも特筆すべきことです。

井上　八世紀の中頃に成立するアッバース朝ペルシアはイスラムの帝国ですが、いろんな意味で、当時の世界の最先端だったと言われますね。

佐藤　首都バグダードは人口が一〇〇万人規模で、人工的に設計された幾何学的な都市でした。その建設時「バグダードに行けば仕事がある」ということで、ヨーロッパからも多くの人が出稼《でかせ》ぎに来たそうです。キリスト教徒たちは認めませんが、当時のバグダードは言わば世界の中心で、世界中から人が集まっていました。

井上　イスラムと言うと、われわれは原理主義者のことばかり考えますが、科学を大切にしたり、商業に熱心だったりという面もあったわけで、十世紀以前のイスラムが、どれだけ包容力を持っていたかという発想がなかなか持てません。ウマイヤ朝でもアッバース朝でも、異教徒を弾圧することはありませんでした。税金さえ払えば、信仰の自由が認められていたのです。

佐藤　中東地域ではアラビア人の征服王朝が続き、アラビア人しか支配階層になれませんでした。しかし、アッバース朝になってからは、イスラム教徒になれば、人種や民族にかかわらず登用するシステムが採り入れられ、活気に満ちた社会になりました。

井上　アッバース朝の財政にとっては、税金を多く取れる異教徒も大勢いたほうがよかったのかもしれません。アッバース朝の頃には、イスラムの宗教や哲学がギリシアの財産を土台にしてふくらみ、ヨーロッパ側もシチリアやスペインを通して学びますね。これを「十二世紀ルネサンス」と言うのですか。

佐藤　はい。ギリシア・ローマの学問をアラビア語からラテン語にもう一度、翻訳し直そうという運動です。ここでひとつの波が来て、十四～十五世紀にもう一波《ひとなみ》、本当のルネサンスが来ることになります。

ローマ帝国にキリスト教が広まった理由

井上　イスラム教が生まれた中東地域は、多神教から一神教になりました。ローマ帝国もずっと多神教でしたが、一神教のキリスト教に変わっていきました。ここには、どのような背景があったのでしょうか。

佐藤　ユダヤ教は「バビロン捕囚」のあと、国を取り戻してからも、ディアスポラ（離散）が問題になっており、どうやって信仰を維持するかを模索していました。そして、「シナゴーグ」という教会を各地に造り、信徒を集めることによって維持していくシステムを作ったわけです。これをそっくり真似したのが、キリスト教です。シナイ半島で始まりましたが、教会をあちこちに造ることで、世界宗教になったのです。イスラムも同様に、モスクをあちこちに造って世界宗教へと変貌していきました。

井上　しかし、ギリシアもポセイドンの神殿、アポロの神殿などを造っていますが、世界宗教になっていません。

佐藤　ひとつ、あるいは複数かもしれませんが、どんと神殿を置いて足《た》れりというのは、ポリスの論理ではないでしょうか。限られた空間に大勢が集住している都市国家だからこそ、みんな神殿に集まってこられるんです。これに対して、キリスト教は都市にしても、ひとつふたつでなく一ブロックごとに、田園地帯なら村ごとに、きめ細かく教会を造っていったので、およそ来られないという人はいない。それで世界宗教として発展していったのだと思います。

井上 なるほど。ところで、キリスト教はある種のカウンセリング効果を持っていたように思います。二世紀のローマは穏やかでしたが、三世紀の軍人皇帝時代になり、権力闘争で多くの血が流れ、荒《すさ》んでいく。また、ゲルマン人との戦争で、仲間のことを「あいつ死んだらしいよ」「いや、うちの父ちゃんも死んだんや」というような時代が到来しました。自《おの》ずと、人々の不安や救いを求める気持ちが高まっていた。それらはコロッセオのスペクタクル（見世物）で発散された部分もあるだろうけれども、救いを求める気持ちもふくらまされたのではないでしょうか。

佐藤 教会には常に聖職者がいますから、相談に肉声で答えてくれるのは頼りになったと思います。個々に信者の相談に乗るような、きめ細かい宗教がキリスト教だったと言えるでしょう。

井上 いっぽう、健康祈願や良縁成就《じょうじゅ》など、日本の神社と似ているところもあります。

佐藤 多神教を否定して一神教になりましたが、また多神教の要素を取り入れていたのです。一神教だから神はひとりですが、天使や聖人などはたくさんいます。そうして、ローマ世界にあった多神教をうまく取り込んでいったわけです。

井上 一神教のイデオロギーを崩《くず》さずに、世の中と折り合いをつけたわけやね。

佐藤　そういう意味では、キリスト教はものすごく変質していった宗教だと思います。

金儲けの否定

佐藤　キリスト教は長い間、商業を否定してきました。フランスのカルヴァンが宗教改革を唱え、プロテスタントが認めるまで、卑《いや》しい行為、汚《けが》らわしいこととされてきました。しかし、キリスト教もイスラム教もユダヤ教も、最初に信仰したのはセム系の民族であり、もともと商業で生計《せいけい》を立ててきた人たちです。砂漠を越えて物を持っていくから、価値が高くなる。つまり、砂漠は商業を育《はぐく》む土壌でした。そこで生まれた宗教が、商業を否定するわけがありません。ところが、キリスト教が農耕地帯に広がっていくなかで、生産せずに金を得る商《あきな》いはおかしいという考えが、教義に盛り込まれていったのです。

井上　商人のなかには自《みずか》らの稼ぎを「あぶく銭」と感じる者もいたでしょう。自分が大きな利益を上げることで、困る人が出るかもしれないことだって薄々《うすうす》わかる。どこか申しわけないと思ってもいたかな。そんな彼らに、教会は「物を動かすだけで利ざやを稼ぐのは悪いことだ。でも、うちに寄付をしてくれたら救われますよ」とささやく。商業は卑しいと唱え、商人に罪の意識を植えつけ、彼らから集金するからくりをひねりだしたんですね。

佐藤　キリスト教にはもともと天国と地獄しかなかったのですが、中世になると、地獄ほどひどくない煉獄《れんごく》という新しい概念が出てきます。教会に寄進《きしん》してくれたら、煉獄で止まると説きました。

井上　いかにもマーケット・リサーチの結果を活《い》かした企画やね（笑）。ローマで、キリスト教はまず立場の弱い人たちから広がり、やがて貴族や皇帝まで信者になった。ところが、ゲルマン世界ではまず王や豪族たちが信者になり、その後、下へ広がっていった。この違いは何から来るものでしょうか。

佐藤　ゲルマン人については、聖職者が出かけて行き、布教したことが関係していると思います。まず代表者に話をしたので、上からの布教になったのでしょう。

井上　イエズス会も日本に来て、まず大名から説教しましたね。

佐藤　教会は一般に暗いですが、地中海沿岸の教会は明るい。なぜヨーロッパの教会が暗いかと言えば、一説には、森を再現しているからです。当時、ヨーロッパの森は暗く、オオカミも出るなど、相当に危険で怖かった。教会のステンドグラスは、木漏《こも》れ日を再現する装置です。また、キリストが十字架に架けられ、うな垂《だ》れているのは、森の生贄《いけにえ》の儀式を再現しているからです。こうして、ゲルマン人たちの昔からの宗教と、キリスト教を融合させることで、改宗させていきました。ヨーロッパのキリスト教はやはり、ヨーロッパ向けに中身をアジャスト（調整）したキリスト教なのです。

井上　なるほど。もともとシナイ半島にあったものとは、似ても似つかない宗教に変質していったのがキリスト教であり、だからこそ世界宗教になったんやな。砂漠に生きたイエス・キリストは、千数百年後に、あの宏壮《こうそう》なヴァチカン宮殿ができることなど、想像すらできなかったでしょう。日本におけるキリスト教受容史の研究者は、よく「日本社会はキリスト教を捻《ね》じ曲《ま》げ、本質を変えてしまった」と言うのですが、ヨーロッパこそキリスト教の本質を捻じ曲げている（笑）。

佐藤　そこには、修道院の活動と密接な連携があります。つまり、布教と開墾《かいこん》運動を同時に行ないました。

井上　開墾してブドウ畑を作ったのも、修道士たちでしたね。それがワインとなり、パンがキリストの体であり、ワインがキリストの血とされました。

佐藤　開墾運動によって景色が一変したわけですから、「ここに来れば安らぐよ」と誘って、不安になった人たちを教会で受け入れました。

井上　日本の古い信仰が社《やしろ》を持たず、石や大木を崇《あが》めたように、ゲルマンの人たちも森はむやみに入ってはいけない恐ろしいところで、祟《たた》りがあるかもしれないと思っていた。そこで、キリスト教の宣教師たちは「大丈夫。教会に来て祈りなさい。そうすれば救われる」とささやいた。まさに、不安を解消する装置が教会だったわけやね。

マリア像の謎

井上　キリスト教でいつも不思議に思うのが、マリア像が美人でありすぎることです。ルネサンス期を代表する画家ラファエロ・サンティは多くの「聖母子像」を描きましたが、私はフィレンツェのパラティーナ美術館にある『小椅子の聖母』が好きです。マリアが美しく描かれているのですが、シナイ半島で暮らしたイエスの母親は、本当に美人だったのかという疑問も湧いてきます。偶像崇拝の是非はともかく、これほど美形に描く必要があったのだろうか。マリアは綺麗《きれい》だったと、『聖書』は一言も書いていません。

また、ルネサンス期のミケランジェロ・ブォナローティが制作した彫刻『ピエタ』は、マリアが十字架から下ろされたイエスを、膝のうえで抱きとめています。イエスが三〇歳前後ですから、マリアは五〇歳前後と推定されますが、どう見てもマリアのほうが若い。『聖書』の記述とまったく異なるような像がヴァチカンのサン・ピエトロ大聖堂で、堂々と展示されていることに、違和感を抱《いだ》きます。

キリスト教が世界中に広まったのは、西洋文明の後押しだけでなく、マリアのルックスで釣られた部分もなかっただろうか。敬虔《けいけん》な信仰心を考えたら、「マリアは不細工《ぶさいく》だが、立派な母親だった」という話のほうが、美談になると思うのですけれどもね。

佐藤　要するに、一種のアイドルだったのでしょう。

井上　そんな偶像作りに、教会の本山《ほんざん》が加担したということですね。実はルネサンス以前に、マリアはそれほど美しく描かれていません。フランスのシャルトル大聖堂は世界遺産のひとつですが、そのステンドグラスに描かれたマリアは、まるでおっさんのように見えます。ところが、ラファエロたちが美しいマリアを描き出した時、教皇は止めなかった。「綺麗でええやん」と認めたわけです。

佐藤　ルネサンス期に描画レベルが上がり、あのような描写が生まれたとすると、あの時代限定で恣意的に作ったということなのかなあ。

井上　その後、マリア（マドンナ）は美人の代名詞となりました。夏目漱石《なつめそうせき》の『坊っちゃん』では、中学校で評判の美人が、周囲から「マドンナ」と呼ばれています。寅《とら》さんで有名な映画『男はつらいよ』でも、「今回のマドンナは○○」と宣伝されました。いつのまにか、私たちにも「マリアは美しい」という洗脳がおよんでいるわけです。

美人でキリスト教徒と言えば、細川《ほそかわ》ガラシャを忘れるわけにはいきません。ガラシャは明智光秀《あけちみつひで》の娘・玉《たま》として生まれ、細川忠興《ほそかわただおき》の妻となります。関ヶ原《せきがはら》の戦いの前に西軍に囲まれた際、自害を禁じるキリスト教の教えに則《のっと》り、家来の手による死を選びました。

彼女は、『明智軍記《あけちぐんき》』に美人説が記されているだけで、江戸時代までは美人を語る時に名前の挙がる人ではありません。ところが、ガラシャの死がイエズス会を通してヨーロッパへ伝わると、「日本で大変美しい人が殉教した」という話に化けました。十七世紀末には、ガラシャを主人公にしたオペラができたほどです。ここにも教会の意図が見えるとまで言うのは、考えすぎでしょうかね。

佐藤　殉教する人はきっと美人であったに違いないと想像した、いや願ったのでしょう。

美人の基準

井上　ギリシア以来の美術で「西洋に太刀《たち》打《う》ちできない」と思うのは、二五〇〇年前の彫刻を見て、現代人の私が「美人だな」と感じられることです。いっぽう、わが国の高松塚《たかまつづか》古墳（奈良県高市《たかいち》郡明日香《あすか》村）に描かれた壁画を見ても、そのように感じない（笑）。

平安時代と現代、江戸時代と現代では美人の基準が違うと、よく言われます。たとえば、『源氏物語絵巻《げんじものがたりえまき》』に描かれた女性は目が細く、まるで一本線のよう。顔の輪郭《りんかく》もおむすび風。でも、当時はそれが美人だった。つまり基準が違うのです」と説明されます。江戸時代の浮世絵《うきよえ》も、現代人には美人と見えません。同様に、ヨーロッパでも、ルネサンス期と現代では、美人の基準が違うのでしょうか。

佐藤　パリのルーブル美術館に一日いると、絵画に描かれた美女と、周囲を歩いている美人を見比べることができますが、絵画そっくりな女性もけっこういます。その体験からすると、数千年にわたって美人の基準は変わっていないように思います。

井上　もちろん、ファッションや髪型は違っているでしょう。でも、目・鼻・口の整《ととの》ったバランスは、私も時代を超えて存在するような気がします。ところが、地中海周辺以外の民族には残念ながら、人間の顔を二次元でリアルに描く能力がなかった。現在のコミックなどで描かれる少女像は、目の面積が顔面全体の一割から二割を占めており、リアリティがないけれども、それが美少女であるという約束事は成り立ちます。同じように、浮世絵の長すぎる顔、つりあがった目、小さすぎる口が美人の記号であることを、当時の人はわきまえていたでしょう。しかし、リアルな美人画は描けなかった。

つまり、江戸時代あるいは平安時代と現代で美人の基準が違うのではなく、美人とされる絵柄の約束事が違うのです。平安時代に誰が見ても美人と思われた女性を現代へ連れてきて、今風のファッションと髪型にすれば、目鼻立ちは整っていると思うのです。興福寺《こうふくじ》（奈良県奈良市）の阿修羅《あしゅら》像は、高松塚古墳と同じ頃に作られたものですが、現代人が見ても美少年です。つまり、整った顔立ちというのは、時代によって大きく変わらないと思うのです。わが民族も、三次元ならリアルな顔を彫る力があったけれども、二次元で整った顔立ちを描く能力はなかった。だから、時代によって美人観が違うのではなく、単に美人表現の美術様式が違うだけなのだというのが、私のミカタです。

佐藤　なぜ、二次元で描く能力を持てなかったのでしょうか。

井上　逆に言えば、なぜ、ヨーロッパはあの水準に早くから辿り着けたのかということです。科学技術ではイスラムに後れを取っていましたが、芸術では抜きんでていました。それだけの力が、ヨーロッパにはあったのでしょう。

佐藤　ヨーロッパ美術には、圧倒的に高い普遍性があるのかもしれません。

エンターテインメントとしての宗教

佐藤　私が思うに、カトリックは一種のエンターテインメントです。たとえば、教会に入ると音が響《ひび》きわたる。ステンドグラスが陽光を受け、七色に照《て》らし出される。司祭はわざと、みんながわからないラテン語で説教をする。しかも、歌うように唱えるので、聞いている者はうっとりする。時に香《こう》を焚《た》き、ボーッとしていい気持ちになっていく……。

共同幻想空間とでも言うのか、その場にいると、美しい幻想や神のありがたさを肌で感じることができる。ミサとは週一回のお楽しみでもあるわけです。だから、ハリウッド映画の出演者が美形であるように、宗教劇の主人公も美形が求められるような気がします。

井上　そこまで言い切りますか（笑）。では、私も言わせてもらうと、欧米で始まったミス・コンテストのルーツは、街のマリア祭りではないかと想像しているのです。馬小屋でイエスが生誕する劇を村で上演する。マリア役は誰にするかという話になり、村一番の器量よし、と評判の処女が候補になった。俺はあの娘がいいと思う。いや、儂《わし》はあの娘を推《お》したい……。その延長上に、ミスコンがあるような気がしてなりません。

このような宗教は、他に類例がないように思います。少なくとも、仏教ではありえない。いや、説教をするお坊さんには男前もいたと思います。浄土真宗の一派には、旅芸人のように各地を回る、いわゆる説教坊主がいました。説法が上手で声もよかったので、村々で女性たちをうっとりさせてお布施《ふせ》をもらった。不義の子もよくできたそうです。

佐藤 ヨーロッパの司祭もイケメンが多いです。教皇庁を警護するスイスの衛兵たちも、美男で背の高い人ばかりです。

井上 そうですか。カトリックの頂点に立つ教皇を選ぶコンクラーベは、男前選びだったのか（笑）。ネットはもちろん、テレビや映画がなく、オペラも一般人には縁遠《えんどお》かった時代の娯楽だったのかもしれません。でも、そこまで割り切った宗教は、他になかったのではないでしょうか。

佐藤 だから、カトリックではもっとまじめにやろう、本道《ほんどう》に立ち返ろう、と何度も運動が起こるのです。十三世紀にはフランチェスコ会、ドミニコ会などの托鉢《たくはつ》修道会が登場しました。教会や修道院を持つから、お金にまみれてしまうし、華美《かび》や贅沢《ぜいたく》にも走る。何も持たずに托鉢だけで生きればいいじゃないかというわけです。しかし、彼らもその後、都市で学校経営に乗り出してお金儲《もう》けに走る。それは違うだろうということで、十五〜十六世紀の宗教改革を経て、とうとう新教（プロテスタント）が誕生するのです。旧教（カトリック）でも、イエズス会などがもう一度、カトリックを立て直そうと取り組みました。

井上　それで貧しい禁欲的な身なりで日本に来て、日本人にガッカリされたわけですね。

佐藤　カトリックは、それでもプロテスタントやイスラム教に比べると派手好みで、どこか美にこだわった宗教というイメージです。

イスラム教の急拡大

佐藤　イスラム教が生まれたのは砂漠ですから、商業以外に生業《なりわい》はありません。商業と言っても、それは一歩進めば略奪となり、もう一歩進めば戦争になります。キャラバン（隊商）に行っても他の部族に襲われたり、逆に他のキャラバンを襲ったりと、まさに血で血を洗う日常でした。

井上　倭寇《わこう》が交易をしているのか、海賊をしているのかわからないのと同じですね。危険があるから、商品が高く売れるということもあります。

佐藤　そういう土地柄でしたから、ムハンマドも当初、キャラバンを襲っています。メッカで迫害されたため、メディナに逃れ、そのメディナの人々を率《ひき》いて、メッカのキャラバンを襲撃したわけです。あげく戦争になって、それに勝ちました。メッカとメディナを従えて、二部族をまとめただけですが、それでもアラブ世界では抜きんでた存在になった。それぐらい、小さな部族がたくさんあったわけです。その部族がおたがいに戦争を繰り返す日常でしたから、ムハンマドが調停者として和平に乗り出すと、あっというまに、ムハンマドを盟主にした大きなまとまりができました。

でも、平和になると、生業の商業が成り立たなくなる。それで、今度は自分たちのエリアの外に出て、キャラバンを襲うわけです。外にエリアをどんどん広げていかないと、内的な平和が保てない。このような事情も、イスラム教が拡大した背景にあると思います。

井上　トルコ人の場合、もともとはモンゴルの北からカザフスタンあたりにかけて住んでいたのが、どんどん西へ移動して現在のトルコまで来ました。いや、今でも中央アジアに、トルコ系の人々はけっこう住んでいます。中国の新疆ウイグル自治区では、今でも多くの人が現代トルコ語を、半分くらいなら理解できると研究者に聞いたことがあります。
ウイグル人はもともとチベット仏教、ゾロアスター教、マニ教を信仰していました。ところが、トルコが西に勢力を広げる間に、いつのまにかイスラム教徒になってしまった。勢いでは勝ったのに、イスラム化していったのです。トルコの次に中央アジアを席巻したのはモンゴルです。モンゴルはトルコ以上の勢いでヨーロッパまで勢力範囲を広げます。でも、戦いでは勝ったのに、キプチャク・ハン国やイル・ハン国などモンゴル帝国の西半分はイスラム化したのです。イスラム教は戦う民族に喜ばれる宗教だったということでしょうか。

佐藤　確かに、武力では圧倒的に強いのに、宗教的には負けてしまった。ただモンゴルは、武力は強大でも、官僚的役割をする人がいない悩みがありました。

井上　十世紀以後、中国の宋《そう》は知的教養も含めて、イスラムよりレベルが高かったと思います。にもかかわらず、遊牧民族は宋に同化せず、イスラム化しました。イスラム教は高額の利子を禁じた宗教とされますが、高額の利子を取った人から利益を巻き上げるしくみを持っていたと言えないか。商人が利ざやを稼ぐうしろめたさは、献金などを通じて癒《いや》された。だから、トルコの商人ですらイスラムになじんだのではないでしょうか。宋の儒教は商業を悪く言いませんから、その慰撫《いぶ》効果が期待できない。

佐藤 イスラム化の背景には、やはり一神教の強さがあると思います。イスラム教だけでなく、ユダヤ教もキリスト教も戦うことに対して、割と肯定的評価をする宗教でした。殺《せっ》生《しょう》を禁止せず、神のために戦うことを認めました。しかも、自分たちの罪が許されるわけですから、兵士たちにとって一神教は受け入れやすい宗教だったでしょう。

井上 日本で一神教が広がらなかったのは、日本人が穏やかな民族だからでしょうか。

佐藤 そうだと思います。ただ一神教も、もともとは他の宗教に対して寛容でした。

井上 イスラム教はビッグバンのように拡大した時期でも、他の宗教が同居することを咎《とが》めていません。たとえば、七世紀から十世紀にかけて、カスピ海と黒海の間にあったハザール王国の裁判記録を見ると、裁判官の構成がユダヤ教二人、イスラム教二人、キリスト教二人、土俗的宗教一人となっています。十字軍と戦っている時に、この目配りはすごい。

佐藤 確かに、イスラム世界では、ユダヤ教もキリスト教も許容されていましたね。

井上 イスラム教にはシーア派のような頑固《がんこ》な人たち、イデオロギッシュな人たちや武闘派、リゴリスティック（倫理的に厳格）な人たちも出てきますが、概して寛容でした。イスラム教が世界中に広がった理由に、この寛容さがあるかもしれません。

貨幣経済と寄付社会

井上　十世紀にエジプトを征服したイスラム国家・ファーティマ朝は九七〇年、アズハル・モスクを建設します。そして、モスク付属の学校としてアズハル学院を設立するのですが、当時からイスラム教学の研究や教育を行なっており、現在もアズハル大学として存続しています。つまり、世界最古の大学です。しかも、イスラム法学においては、最高に権威のある大学とされています。

佐藤　十一世紀に創建されたイタリアのボローニャ大学が最古だと思っていましたが、そうではないのですね。

井上　ヨーロッパ史ではボローニャ大学が最古の大学とされていますが、イスラム世界も含めた世界史のミカタに立てば、アズハル大学が最古です。もっと言えば、七八五年に創建された比叡山延暦寺《ひえいざんえんりやくじ》、あるいは八二八年にできた綜芸種智院《しゅげいしゅちいん》のほうが古い（笑）。いや、冗談《じょうだん》です。イスラムの人たちは当時、世界をもっとも広く知っていたと言えます。

たとえば、十四世紀の法学者であり探検家でもあるイブン・バットゥータは、聖地メッカ巡礼はもちろん、アジア、ヨーロッパ、アフリカにまで足を延《の》ばして『大旅行記』を書いています。

佐藤　メッカ巡礼に見られるように、イスラム教は旅を勧《すす》め、また旅人に優しい宗教です。そして巡礼者がばらまくお金は功徳《くどく》と言うか、一種の救いになったようです。

井上　ヨーロッパでも巡礼は行なわれましたが、イスラムのように巡礼がさかんだと、土地にしがみつく「一所懸命」が前提となる封建制は芽生《めば》えにくいでしょうし、そのようなしくみを超えた宗教になるでしょうね。

佐藤　土地にしがみつくタイプの人は、少なくなるでしょう。イスラム教徒であれば、イスラム世界のどこにでも行くことができました。それは、貨幣が流通していたのが大きい。ヨーロッパはまだ貨幣が流通していませんでした。ヨーロッパで貨幣経済が始まるのが十三世紀ぐらいですから、イスラム世界に比べかなり遅れています。

井上　イスラムには「ワクフ」というしくみがあります。ローマ皇帝・ネロは帝国の財政が厳しくなると、有力貴族に難癖《なんくせ》をつけて家屋などを没収して国家財産にしました。中東でも、王が商人の家を潰《つぶ》して、自分のものにすることがままありました。富裕な商人は、その災難から逃れるため、全財産を社会に寄付すると宣言します。これがワクフです。
宣言がなされたところは、権力が介入できないため、一種のアジール（聖域）になったと言えるかもしれません。ワクフにした財産はもう自分の物ではないので、自分で処分することはできませんが、たとえばそんな寄付物件で巡礼者のために宿屋を経営することはできました。宿屋から上がる収入の半分は維持経費ですが、残りの半分は自分の収入とすることを認めてもらう。このようなしくみは、ヨーロッパにありますか。

佐藤　テンプル騎士団は、領主たちの寄進を受けています。その契約書を見ると、この土地を騎士団に寄進するが、自分が生きている間は年いくら寄こせ、などとあります。

井上　寄付をするけれども、自分が生きている間は一定の収入がほしい。そこは同じですが、ワクフの場合、寄進をする相手が社会であった点は異なります。現在の、公益財団法人に近いものを感じます。そこそこ財産を持つ有力者にとって、このしくみで自分の財産をいくらか保てるという安心感が、イスラム教の広がる背景にあったのかもしれません。

佐藤　イスラム教には、不思議なところがあります。当初は強い求心力で拡大するんですが、途中からは逆中央集権化と言うか、どんどん分権化していくんですね。アッバース朝もオスマン帝国もあれだけの勢力を持ちながら、地方の太守《たいしゅ》、つまりは自立化した地方官たちに手を出せませんでした。そのしくみが、ワクフと密接にかかわっているように思います。

井上 その太守たちに、自分の財産を保てるしくみがないと、皇帝や王のために働こうという気にならないからではないでしょうか。

私がおもしろいと思うのは、宗教施設ではなく社会に寄付する形を取ったことですね。寄進者はそこで宿屋や市場を経営して、その上がりでモスクをこしらえたりします。そして、そのモスクに自分の名前を刻《きざ》むこともできた。それは最終的には宗教への寄進になるのだけれども、形としては社会への寄付なのです。アメリカの富豪が莫大な寄付をする代わりに、道路へ自分の名前を入れるようなものです。また、武力の介入を社会がたがいに許さなかったことにも、意味があります。

佐藤 ヨーロッパは武力介入しますから、乱暴ですね。

イスラム世界に勝てなかったヨーロッパ

井上 十一世紀末、イスラム教徒から聖地エルサレムを奪還するためにキリスト教徒が十字軍の遠征に乗り出した頃、中央アジアでは、今のアフガニスタンあたりにあったガズナ朝がインドの仏教を根絶やしにします。ある意味で、末法思想が現実に起こってしまったわけです。しかし、中国でも日本でも、失われた仏教の聖地を奪還しようという運動は起こらなかった。私はユーラシア大陸の西半分と東半分で歴史が同時進行するイメージを持っていますが、この点については、並行説が成り立ちません。

キリスト教側に対しても、疑問があります。聖地エルサレムはすでに七世紀から異教徒の手に落ちている。なのに、どうして十一世紀から聖地奪還の情熱が盛り上がったのでしょうか。

佐藤　私も含め日本人の多くが、ヨーロッパ史観——ヨーロッパはずっと強かった——に毒されています。しかし、ヨーロッパは古代・中世を通じてイスラムより劣勢であり、自信喪失の状態に追い込まれました。その後、徐々に自信を回復していったというのが、正しい世界史のミカタです。その自信回復の過程でヨーロッパに敷《し》かれていたのが、封建制でした。封建制と言うと、主君と家臣が「御恩」と「奉公」で結びついた麗《うるわ》しい社会のようなイメージがあります。

井上　日本の鎌倉時代における将軍と御家人《ごけにん》ですね。

佐藤　ローマ帝国は官僚制に立脚した政治体制でした。ですから、それを継承したフランク帝国も官僚制を採用していましたが、封建制になると官僚制が崩れて、各地の有力者が群雄割拠《ぐんゆうかっきょ》するアナーキーな世界になります。封、つまりは「杯《さかずき》」のつながりだけで、かろうじて秩序を成り立たせている状態です。戦争は、隣町と小競《こぜ》り合いをするような小規模な戦争にしかなりません。王の戦争であっても、その程度なのです。

井上　それでは、とてもイスラム軍とまともに戦えない。

佐藤　封建王政がそのような体《てい》たらくでしたから、公《おおやけ》の秩序を作っていたのは教会でした。こちらは教皇をトップにして、枢機卿《すうききょう》、大司教、司教とピラミッド型組織を作っていました。一〇七七年、神聖ローマ皇帝ハインリヒ四世が破門を恐れて教皇グレゴリウス七世に屈服したことでわかるように（カノッサの屈辱）、当時のヨーロッパでは、聖界トップの教皇が、俗界トップの皇帝や王よりも強いという状況でした。そして、カノッサの屈辱の直後ぐらいに十字軍が起こるわけです。

井上　聖地エルサレムは七世紀から異教徒によって占領されていたが、その時点ではカノッサの屈辱もまだ起きておらず、教皇はゲルマンの領主たちへ号令をかけられる立場にならなかったということですね。

教会がなければ統治できない王たち

佐藤　一橋大学名誉教授の山田欣吾《やまだきんご》さんの論文「教会としての国家」によれば、ゲルマン人たちは暴力団のようなもので、戦争しかできなかったので、実際に国を治めていたのは、ローマ時代から変わらずに残っていた教会だったそうです。言うならば、武断政治と文治政治の二層構造であり、持ちつ持たれつだったわけです。

当時、ゲルマン人に広まっていたキリスト教は、ローマ時代に異端とされた宗派であり、カトリックとは提携できませんでした。フランク王国はそれより遅かったので、提携することができました。

井上　フランクはゲルマン世界へ早くから広がったアリウス派とは手を切り、カトリックになった。改宗したのは信仰心からじゃあない。統治への打算で、官僚的な能力のあった教会と手を結びたかったからですね。

佐藤　最初は改宗して提携していましたが、のちには教皇から「東ローマ帝国から守ってくれ」と要請を受けて、カール大帝を皇帝に立てました。いわゆるカロリング朝です。しかし、カールの家門は、その前のメロヴィング朝の宮宰《きゅうさい》の家門ですから、これは簒奪《さんだつ》王朝です。自分の仕えた王家を廃して成り上がったわけですから、うしろめたいところがある。教皇がその弱みにつけこみ、「皇帝になれよ」とそそのかしたのかもしれない。

井上　教皇は、カールの耳元で「おまえはメロヴィング家の家臣たちから怨《うら》まれている。呪《のろ》われるかもしれへん。カトリックを信じたほうがええ」とささやいたかもしれない。しかし、宮宰がいきなり王になって、周囲は納得したのでしょうか。

佐藤　だから、皇帝にもなったのです。あくまでローマ皇帝であって、「フランク皇帝」という称号は使っていません。フランク王国のローマ皇帝です。

ゲルマン諸王国だけでなく、フランク王国も、その実態は国家ではなく部族でした。そして、メロヴィング朝がカールの家門に乗っ取られるぐらい衰退した理由のひとつは、相続です。たとえば子どもが三人いれば、土地を三分割する。それぞれに子どもがいたら、また土地を分割する。それを繰り返した結果、国がばらばらになる。そこで、カールの家門はメロヴィング朝時代、さまざまな国の宮宰を兼ねることで権力を掌握し、王朝を簒奪したわけです。

しかし、カロリング朝もカールの死後、現在のドイツ、フランス、イタリアなどに分かれていきました。真ん中の一番いい土地であるイタリアを長男に、ドイツを次男に、フランスを三男に相続させた。だから、大事は国ではないのです。でも、教会は国にこだわり、国を成り立たせるために権力者に与えたのが、皇帝という称号でした。

井上　教会が発起人になって、カールは皇帝となった。新しい時代を迎えたわけですが、でも教会がなければ行政もできない状態に変わりはないですね。

佐藤　教会側から見れば、用心棒を替えただけということになるでしょう。

十字軍が始まった本当の理由

佐藤　教皇が力を持ち始めたのは、十二世紀からです。当時のヨーロッパでは小規模な戦いが頻発《ひんぱつ》しており、教皇が神の名のもとに「戦争をやめなさい」と呼びかけて、調停に入ったのです。いわゆる「神の平和」運動です。

井上　中国は、ヨーロッパのように乱れていなかったのかな。世俗の権力だけで社会を保つことができたので、仏教という宗教に依存する度合いは小さかった。それで、インドの聖地を取り返せという運動も起こらなかったのでしょうかね。逆にヨーロッパで十字軍が成立したのは、それだけヨーロッパで騎士たちの間に秩序がなかったということですか。

佐藤　そうだと思います。エネルギーが充満して自信満々なんだけれども、教皇が「戦争をするな」と言う。それで、エネルギーを持て余していた。

井上　キリスト教が誕生した頃、ローマ帝国で弾圧された背景にはいろいろな理由があるでしょうが、反戦を主張して帝国の戦争に信者を出さなかったのも、そのひとつだったと思います。その反戦運動をした人たちの末裔《まつえい》が一〇〇〇年後にはまったく逆の行動に出て、「行けー」と戦争を推進する。

佐藤　十字軍熱が高まったのは巡礼への願望と言われますが、実際には十字軍の前からヨーロッパのキリスト教信者たちは、エルサレムへ巡礼に行っていました。イスラム側も拒否していたわけではなかったのです。

たとえば一〇九〇年、フランドル伯ロベールは巡礼の旅をしています。その際、ビザンツ帝国（東ローマ帝国）を通ると、イスラムと領土争いをしている最中で、「兵隊が足りないので、連れて来られないか」と言われた。その要請を受けて一〇九一年、ロベールは五〇〇人ほどの騎士を連れて、戦いに加わります。騎士五〇〇人は従者を入れると数千人規模の軍勢になりますが、この加勢が役に立ったらしい。それで、ビザンツ皇帝が教皇に「イスラムと本格的な戦争をするので、兵隊をもっと送ってくれないか」と持ちかけるのです。

井上　ビザンツ帝国の皇帝が頭を下げてきたことは、大きかったでしょうね。教皇側も「ここは腕の見せどころだ」と喜んだのではないですか。

佐藤　そうでしょう。ずっと張り合ってきて、一時はビザンツ帝国に吸収される危険性もあったわけです。しかも、ローマ皇帝（フランク王国）ではなく、教皇のところに頼んできたのですから、有頂天だったと思います。

それで、教皇ウルバヌス二世が開いた公会議《こう》で「聖地エルサレムが異教徒に奪われてビザンツ帝国が危機に瀕《ひん》している。助けに行かねばならない」となった。ビザンツ帝国は「兵隊を送ってくれ」と言っただけなのに、教皇側が妙に盛り上がり、始まったのが十字軍です。

井上　巡礼をしていた諸侯が一定程度いて、ビザンツ帝国からの要請は誇らしいものであったでしょうが、教皇の号令で大勢の騎士たちが動いたのはすごいことですね。

人材供給源としての教会

佐藤　教会組織がピラミッドとして完成するのは十三世紀ですが、十字軍の資金はその教会が出していました。教会は自らの組織を通じて莫大な金を吸い上げ、十字軍に投入したのです。

井上　カトリック教会が罰を免じるために信徒へ与えた免罪符は、その資金を賄《まかな》うために作られたのですか。

佐藤　いえ、十字軍のあとです。貨幣経済が成立してお金が社会全体に行き渡ったあとに、免罪符が増えています。

井上　十字軍がイスラム世界と出会い、貨幣経済に目覚めたのかな。どうでしょう、十字軍がヨーロッパ経済を新しい段階に進めたと言えますか。

佐藤　言えると思います。商業における最大のうまみは珍しい品物を手に入れて売ることですが、十字軍によって東方とつながり、珍しい品物がヨーロッパに入ってきました。

井上　イタリアのヴェネツィア（ベネチア）商人は十字軍の前から、アラビア人たちと交易をしていたと思います。

佐藤　それまで細々《ほそぼそ》と行なっていたものが、一気に大動脈になったのです。既得権を持っていたヴェネツィアの商人たちは儲けを拡大し、のちのちまでルートを確保しています。

井上　その延長上にあるのが、イギリスの劇作家ウィリアム・シェイクスピアの『ベニスの商人』ですね。

佐藤　ヴェネツィアやジェノバは島を丸ごと領地にしたり、中継地をあちこちに作ったりしました。ヴェネツィアはクロアチアやセルビアの海岸地帯のほとんどを領有していましたから、アドリア海は「俺たちの海」というような意識があったでしょう。しかも、戦争をせずに商売に徹する。「死の商人」と言ってもいいでしょう。

教会のシステムに話を戻しますが、私は宗教には「神殿型」と「教会型」があると考えています。仏教ならば、神殿型が小乗《しょうじょう》仏教（出家者の救済を目指す）、教会型が大乗《だいじょう》仏教（あらゆる人の救いを目指す）です。神殿型は神殿がドーンとあって祭事をするけれども、戸籍を作って信徒を把握するようなことはしません。いっぽう、教会型はキリスト教でもイスラム教でも、教区ごとに信徒を把握します。ですから、税金を効率的に徴収することができるのです。

井上　公権力が人民を把握できていれば、宗教に依存する必要はありません。しかし、中世ヨーロッパでは、およそ公権力らしきものが成立しておらず、人民を把握できるのは教会しかなかった。それどころか、読み書き算盤《そろばん》と言うか、簡単な算数ができない封建領主もいました。

佐藤　フランスでは十七世紀から十八世紀になっても、王が法律を発表する場所は教会でした。役所に張り出しても、誰も見ないからです。また、教皇と神聖ローマ皇帝が聖職者の任命権を争った「叙任権闘争」も、司祭を使わないと国を治められない事情が背景にありました。

井上　現在の東京大学法学部卒のような人たちが教会に集まっていたということですね。官僚組織を作るには、教会から人材をリクルートするしかなかったのでしょう。

佐藤　皇帝や王は人材を自由に選びたいのに、教皇側は「俺の僕《しもべ》だから、自由に選ばせるわけにはいかない」という姿勢だったので、揉《も》めたのです。

中央では司祭が宰相を務め、末端では司祭が信徒（人民）を把握・管理した。そして司祭の書いたものは、教会という公的なお墨付きを得た文書になった。つまり、教会が役場の役割をはたしていたのです。そのような時代が長く続き、その後だんだんと皇帝や王の役所に取って代わられていく。言い換えれば、絶対王政になっていくということです。

第4章

中華帝国の本質

「匈奴《きようど》＝フン族」説

井上　第2章で述べた遊牧民の匈奴がフン族と同じか否《いな》かについては、学説が分かれています。もし同じならば、これも第2章で述べたように中国とヨーロッパ、つまりユーラシア大陸の東と西は一続《ひとつづ》きであったことになります。本章ではこのことを含め、中国に興《おこ》った王朝や国家について、論考を進めます。

前述のように、ソグド商人は匈奴を「フン」と書き記していました。ただ、ゲルマニアまで進出したのは、フン族にあやかった別の部族だった可能性もある。しかし、漢の時代に中国北部の遊牧民がユーラシア大陸の東から西へと拡大し、カスピ海あたりまで勢力を伸ばしていたことは確かです。ちなみに、現在の中国人に聞くと、「匈奴」と書けば、その読みはフンに近い発音になります。

佐藤　ヨーロッパでは「アッティラの国」と呼ばれました。

井上　匈奴あるいはフン族は、国家らしいものを打ち立てませんでした。官僚機構のある国ではなかった。まあ、馬に乗る戦士たちが、縦横無尽《じゆうおうむじん》にアジアの牧草地を走っていたということなのでしょう。

佐藤　当時、ヨーロッパでも官僚機構のある国などなかったですから。

井上　匈奴は鮮卑《せんぴ》族の台頭《たいとう》によっていったん萎《しぼ》むのですが、その後も遊牧民が東から西へと押し寄せる波が起こりました。

そのひとつが、トルコです。トルコはもともとバイカル湖からカスピ海に至る草原が発祥の地ですし、前述のように、新疆ウイグル自治区で暮らす人たちの多くは現代トルコ語をおぼろげながら理解できます。研究者は、彼らとトルコ共和国のトルコを区別するために「チュルク」と呼びたがりますね。いずれにせよ、トルコ人が中国の北方から現在のトルコへと押し寄せたことは確かです。次が、契丹《きったん》です。「きったん」は日本の呼び名で、ロシアでは「キタイ」と呼ばれています。余談ですが、キャセイパシフィック航空の「キャセイ」は英語で契丹のことです。

このトルコや契丹の延長上に、モンゴルの支配があります。モンゴル帝国や元《げん》が成立する前から、中央アジアの騎馬遊牧民がユーラシア全域に勢力を広げる現象はありました。ただし、彼らは国家統治の技術を持たなかったため、国としての支配にはつながらなかったのです。しかし、彼らはその後、学習して賢《かしこ》くなっていきます。

漢民族の王朝は三つしかない

井上　八世紀、唐の都《みやこ》・長安で、安禄山《あんろくざん》と史思明《ししめい》が反乱を起こします（安史《あんし》の乱）。安禄山は、ソグド人と突厥《とっけつ》（中央アジアを支配した遊牧民）の混血でした。安史の乱にはソグドだけでなく、契丹もウイグルも加担します。彼らは唐で統治を学習しましたから、この時に唐が滅びていたら、安禄山がチンギス・ハンになっていたかもしれません。

ヨーロッパにも当時、馬を乗りこなす騎士はいましたが、遠く中国まで、しかも集団で行くようなことはありませんでした。アラビア商人は、のちに船で中国からアラビア半島まで行き来するようになりますが、それまでは中央アジアを往還する馬のルートが大きかった。その延長上に、モンゴル帝国がある。つまり、世界史をつくったのは中央アジアの遊牧民だった。しかし、これらのことは教科書に見あたりません。

佐藤　はい。記述されていません。

井上　中国史の研究者は中国を敬《うやま》うので、中華の歴史を詳しく書きますが、ソグドやウイグル、突厥などの動きはないがしろにしやすい。もともと史料が少ないので、しかたがないかもしれませんが、騎馬遊牧民の動きには、侮《あなど》れないものがありました。騎馬遊牧民と接する東西両端の人たちは、常におびえていたと思います。

佐藤　国家にならなかったのが、致命的でした。国をつくり上げた中国やヨーロッパの歴史は残りましたが、歴史上のインパクトが大きくても、国ではない、民族・部族の歴史はなかなか残りません。

井上　中国史の研究者には認めたがらない人もいますが、隋や唐は鮮卑族ともつながる王朝です。もちろん風俗は中国化され、中国の文化・教養に染《そ》まっていますが、根っこを辿れば、北方遊牧民です。いわゆる漢民族の国は漢、宋、明《みん》しかない。あとは漢民族からすれば、異民族の国家なのです。漢、隋、唐では、長安や洛陽《らくよう》など、黄河流域に都ができましたが、これらは対北方遊牧民に対する防御線でもありました。南方のベトナム、東方の朝鮮や日本に対する戦略的な配慮はあったと思いますが、防衛面における最大の関心は北と西に向かっていました。

北方遊牧民はなかなか自前の国家をつくれなかったけれども、中国をおびえさせ、国家のしくみを整《ととの》わせる役割をはたしたのです。

モンゴル帝国におびえたヨーロッパ

佐藤　そう考えると、モンゴル人はまがりなりにも国家をつくり上げたという意味で、世界史の大事件だったと言えますね。

井上　遊牧民が国家をつくった先駆けは女真族《じょしん》の国・金《きん》ですが、それは中国の一部、北半分を支配したにすぎません。いっぽうモンゴルは、その最大版図《はんと》が中東アジアからヨーロッパにおよぶ、世界帝国です。

よく「ロシアにはタタールのくびきがある」と言われます。この「タタール」は、北アジアから東ヨーロッパにかけて活動したモンゴル系やトルコ系民族の総称です。未開のモンゴル的要素を多分にとどめているので、ロシアはヨーロッパになりきれていないという含みが、この言い回しにはあります。しかし私は、この言い方になじめません。世界史のミカタからすれば、ロシア人たちに国家のしくみを教えたのは、チャガタイ（チンギス・ハンの次男）を祖とするチャガタイ・ハン国なのです。ヨーロッパのバイキングたちも、ロシアに文化を伝えたでしょうが、統治技術は伝えていません。

佐藤　ロシアの広大な領域には、国家と呼べるようなものはなかなかできませんでした。

封建制も未熟な段階でしたから、モンゴル人に征服されたのです。

井上　キプチャク・ハン国のバトゥ（チンギス・ハンの長男の子）は一二四二年、ドイツに侵攻していました。ところが、前年にモンゴル帝国のオゴタイ・ハン（チンギス・ハンの三男）が死去。次のハン（君主）を誰にするかというモンゴル諸部族の大会議が開かれることとなったため、軍勢を引き上げました。もしオゴタイ・ハンの死が一〜二年遅かったら、ヨーロッパ全土がモンゴル軍に征服されていたかもしれない。もちろん長続きはしないと思いますが、それを惜《お》しいと思う気持ちが、私にはある（笑）。

佐藤　ヨーロッパは当時、パニック状態でした。ドイツに侵攻した時点で、現在のオランダ、ベルギー、イギリスの人たちまで、戦々恐々としていたようです。十字軍が終わった理由には、モンゴル襲来により、それどころではなくなったということもあると思います。

いっぽうで、モンゴル軍と組めばイスラムを倒せる、モンゴル軍は神が遣《つか》わした援軍というとらえ方もありました。十二世紀のヨーロッパでは、東方すなわちイスラム圏のむこう側にキリスト教徒の王国があり、司祭王ジョンが十字軍を助けにやってくるという「プレスター・ジョン伝説」がありました。「モンゴル軍こそ、それだ」と盛り上がった。しかし、収奪するモンゴル軍を見て、一気に覚《さ》めた。

井上 モンゴルにはネストリウス派のキリスト教徒がいましたから、東方のクリスチャンを西洋人が思い描くことも、まったくのまちがいではありません。アラビア商人は中国にも行っており、旅の途上で食事前に十字を切る人たちも見ていた可能性があります。実際、明で布教したイエズス会の宣教師マテオ・リッチは、中国でキリスト教徒を見たと書き残しています。

そうだとすると、アラビア商人を通じて、中国にキリスト教徒がいるという情報はヨーロッパに伝わっていたかもしれません。プレスター・ジョンの幻想がふくらむ背景のひとつとして、考えておきたいところです。

公用語はペルシア語!?

井上 モンゴル帝国は結局、インドとエジプトを除くユーラシア大陸を手中に収めました。しかし、西側の公用語はペルシア語になりました。

佐藤 アラビア語でないということは、イスラム化しなかったということですか。

井上　いや、イスラム化もしたのですが、言語だけはアラビア語でなくペルシア語になるのです。「リンガ・フランカ（主に地中海沿岸で見られた、異なる言語を使う者同士で使われた共通語）」はペルシア語だったんでしょうね。それだけ、中央アジアにおけるペルシアの文化的遺功《いこう》は大きかったのです。

江戸幕府は、長崎に通詞《つうじ》（通訳兼税関吏）を置きました。オランダ語や英語の通詞もいましたが、インドのムガール帝国から来る使節に応接するモール通詞がいました。モールとは、モンゴルのことで、彼らが学習したのもペルシア語です。つまり、ムガール帝国の行政用語は、ペルシア語だったわけです。

佐藤　モンゴルも結局、ペルシア帝国を後継していたということですか。

井上　帝国の西側に関しては、そうです。最初はアラビア語に席巻され、その後はトルコ語にも席巻されたでしょうが、ペルシア語によって統治した時期もありました。中央アジアのソグド商人はソグド語を話しますが、ソグド語はペルシア語の言わば方言です。アッバース朝ペルシアが勢力を広げた頃、ソグド商人たちは中国側に追いやられ、その結果、唐の長安では、白人女性のストリップショーが開かれていた（笑）。私の想像説ではありません。敦煌《とんこう》にある莫高窟《ばっこうくつ》の壁画は、どう見てもコーカソイドと思われる女性が薄物《うすもの》を纏《まと》って踊《おど》っている姿も描いているのです。

佐藤　アッバース朝下のペルシアでは、スラブ人女性を奴隷にして売買していました。当時のスラブ人奴隷は体が大きく、金髪碧眼《へきがん》かつイスラム教徒です。マムルークという、優秀な少年を奴隷として買ってきて、教育を施《ほどこ》して立派な軍人に育てる慣習もありました。

十三世紀に北インドを支配したトルコ系イスラム王朝が「奴隷王朝（デリー・スルタン朝）」と呼ばれるのは、奴隷兵士の出身者が王になったからです。しかも、王が世襲で固定することなく、優秀者が王になって権力を握るという、ある意味で合理的なシステムだったと言えます。

井上　当時の奴隷は、私たちのイメージ――たとえば南北戦争の頃のアメリカの黒人奴隷――とはかなり異なります。中央アジアには、優秀な人材を、それこそ次の王にふさわしい人物を奴隷に求めるという習慣さえありました。もちろん誉《ほ》められたことではありませんが、そういう歴史があったことも知っておくべきでしょうね。

佐藤　優秀な子どもをリクルートするという意味では、日本の養子もそのひとつでしょう。同じアジアでも、家や屋号の継承に際し、血を重視する中国とは大きく異なります（後述）。ローマ帝国の皇帝には養子が多いので、意外なところで古代ローマと日本が通じ合ってきます。

地球寒冷化と民族大移動

井上　二世紀には、鮮卑族が中国の北方から南へ押し寄せます。匈奴はその前から、同じような動きを見せていました。地球の寒冷化に、その原因を求める説があります。寒冷化によって、北方では牧草が育たなくなり、移動してきた。もしそうならば、歴史を動かすのは社会ではなく、自然環境だということになります。これでは、世界史のミカタどころか、地球史のミカタになりますが、どう思いますか。

佐藤　ヨーロッパ史で言われているのは、十三世紀は気候が温暖で作物の育ちが良く、生産力が上がって人口が増えた良い時代だった。ところが、十四世紀に入ると寒冷化し、農業生産性が急激に落ちたということです。ペストの流行も、この頃です。飢饉《ききん》で食べ物がなくなって抵抗力が落ちたところでペストが流行、甚大な被害が出ました。当時のヨーロッパの人口の約三分の一が死亡したとされています。

モンゴルがヨーロッパに侵攻したのは十三世紀だから、気候が温暖な時代ですね。モンゴル側にすれば、侵略し甲斐《がい》のある時期ということになります。北から南ではなく、東から西に行ったのは、それが理由ですかね。

井上　紀元前五・六世紀頃かな、アケメネス朝ペルシア時代には、スキタイが西から東へ押し寄せたと言われています。実際に移動したのか、それとも文化の伝播だけだったのかはわかりませんが、西から東へという流れを作った。でも、その後、遊牧民たちの動きは東から西へという方向に移ります。

佐藤　ユーラシアからヨーロッパまで、途切《とぎ》れずに草（牧草）はあったのでしょうか。

井上　あったと思います。十九世紀ドイツの地理学者で『シナ』という著書のあるフェルディナント・フォン・リヒトホーフェンは西域を探検し、天山《テンシャン》山脈の南側に広がる砂漠で、オアシス地帯を結ぶ細々としたルートを見つけました。のちに、「シルクロード」としてロマンティックに語られるのは、この道です。でも、実際の交易路は、天山山脈の北側だった。そこに、家畜たちのエサとなる草が延々と生えている地帯があり、これこそ、遊牧民たちの大動脈だったのです。

佐藤　その交易路があるから、モンゴルは東から西へと馬や羊《ひつじ》を連れて、大挙して移動できたのでしょう。家畜と一緒に動くから、兵站が維持できるわけです。草が生えない寒冷な時代なら難しかったでしょうが、たまたま暖かい時代だったので移動できたのではないでしょうか。場合によっては、違うルートで侵攻した可能性も考えられます。

井上　モンゴルのヨーロッパ侵攻は、十三世紀の出来事でした。歴史の彼方《かなた》に埋もれてもいい話です。でも、アメリカのプロレスでは、二十世紀になっても悪役をモンゴル人が務めます（笑）。それだけ、イメージが強烈だったのでしょう。

ちなみに、第二次世界大戦後の西ドイツで、日本人レスラーは善玉でした。枢軸国の思い出があって、日本人を悪役にできない。そのため、善玉だと成功しそうもない悪人顔の日本人は、モンゴル人に失礼な話やけど、モンゴル人ギミックをする。つまり、モンゴル人のフリをして、悪役になりました。

佐藤　キラー・カーン（本名・小澤正志《おざわまさし》）は、メキシコでは「テムジン・モンゴル」と名乗ったそうですし、必殺技「モンゴリアン・チョップ」をテレビで何度も観《み》ましたよ。

井上　キラー・カーンだけではなく、複数のレスラーが、モンゴル人ギミックをしました。もしかすると、日露戦争以後の日本人が、ヨーロッパ人の「黄色人種は恐い」という印象を増幅させ、その延長上にモンゴルも恐ろしかったというイメージを再稼動させたのかもしれない。

とにかく、ユーラシアの東では漢が、北方遊牧民の南下を受けて崩壊した。西ではローマ帝国が、東北方面から来たゲルマン民族の大移動によって崩壊した。すでに述べましたが、こういう東西の動きは、たがいにつながっていると見ています。匈奴がフン族だったか否かはわかりません。ですが、別の民族だったとしても、匈奴は南ロシアあたりで他の民族集団を西へ押しやり、玉突きのようにして民族大移動を引き起こしていたでしょう。

ゲルマン民族の大移動は、ゲルマニアからローマに野蛮な者たちが押し寄せたというヨーロッパ限定の話じゃあありません。ユーラシアの東端から西端へと波状攻撃のように引き起こされた事態の帰結だったと考えたほうがいいでしょう。

中華意識の芽生《めば》え

井上　中国について考える時は、「中国四千年」をひとくくりしすぎないほうがいいと思うのです。唐も前半と後半ではかなり違いますし、宋も同様です。その唐の終わり頃から、中国ならではのナショナリズム、つまり中華意識の芽生えが見られるようになります。

唐代前半の中国は、西から来る文物《ぶんぶつ》をおもしろがりました。その延長上に、東大寺正倉院《しょうそういん》の御物《ぎょぶつ》、つまり奈良・平安時代に皇室が私有していた書、絵画、刀剣などがあります。そのなかにはペルシア由来のものがあると言われます。多くはソグド商人が中央アジアから中国に運び、日本に渡ったものです。まあ、中国でペルシア風に作られた工芸品も、少なくありませんが。どうも日本人はシルクロードを過大評価するきらいがありますが、前述のようにシルクロードは交易のメインルートじゃあありませんでした。

十九世紀イギリスのデザイナー、クリストファー・ドレッサーは、正倉院御物を見て驚きます。母国のサウス・ケンジントン博物館に納まっている工芸品と、瓜《うり》二つだったからです。日本の国学者たちは、それまで御物のことを天皇家の宝であり、すべて日本製だと思っていました。でも、まちがっていたんですね。サウス・ケンジントン博物館の収蔵品は、大英帝国がオリエントから収奪した品々で、それと同じようなものが日本にも伝わっていたわけです。もちろん、正倉院に収蔵されているのは、大日本帝国が収奪した品々ではなく、唐の時代に中国から持ち込まれたものです。

佐藤　なるほど。唐の前半と後半の違いはどうですか。

井上　国際都市・長安を抱えた唐は、チベットとウイグルに挟《はさ》まれて、敦煌あたりのルートを切られます。そして安禄山・史思明の反乱以後、唐は西域との交易より、南方の農作物を頼りにする閉鎖的な国へと変わっていきました。ペルシアの文物を歓迎していた時代への反省があったかどうかは不明ですが、詩人たちの作品も内向的になりました。

そして、五代十国《ごだいじっこく》（唐滅亡から宋による統一まで、五王朝・一〇国が興亡した約七〇年間）を経て、宋の時代になると、学問は思弁的になると同時に、外国を排斥するようになる。鎖国主義的な考えが主流になります。宋学（朱子学《しゅしがく》）が誕生し、きわめて強い中華意識が芽生えたのです。ただ、「中華の国」という言葉を使い出したのはずっとあとですね。辛《しん》亥《がい》革命（一九一一〜一九一二年）で、清朝《しん》を倒して中華民国を樹立した孫文《そんぶん》の頃からだと思います。

佐藤　明治時代、日本人が「清」と思って大陸に行くと、清の人たちが「自分たちは中国だ」、つまり中央の国、中心の国なんだという尊大な意識を持っているのに驚いた、という記録が残っています。

井上　中国は中華意識にもとづいて歴史を組み立てるようになったわけですが、実相はまったく異なります。前述のように、漢の初期は匈奴の前で腰を低くしていましたし、隋と唐も北方異民族のかかわった国です。宋も貢物《みつぎもの》をして契丹から襲われるのを回避しています。女真族にもおびえていました。とても、中華の国と言えるような状況ではありません。

佐藤　私も、中国には内側で完結する、きわめて強い内向性を感じます。その内向性と裏腹に出来《しゅったい》するのが中華意識であり、内側が最高だから外に出る必要がないということになるのでしょう。そのような文明として、長く存続してきました。世界史的には、中国が自分のエリアにとどまる国であったことが、大きな意味を持ちます。

井上　北や西から来る遊牧民の侵攻を防ぐだけで精一杯だった。とても勢力を拡大するような状況になかったでしょう。軍事力で対抗するだけでなく、「貢物やるから、頼むから襲《おそ》わんといて」と下手に出る外交姿勢は、現代日本も学ぶべきかもしれへん(笑)。

佐藤　日本のような小国ならわかるのですが、中国は大国ですから、匈奴が北から侵攻してきた時に南に下りる選択肢はなかったのでしょうか。

井上　中国は万里《ばんり》の長城《ちょうじょう》だけでなく、黄河沿いにも防衛線を築きましたが、これは北方異民族の侵攻を防ぐためだけでなく、人材の流出を食い止めるためでもありました。北方異民族は中国人の高い教養水準を知っていましたから、中国に侵攻するいっぽうで財務や文書作成などができる人材をリクルートしました。そして、中国で志《こころざし》が遂げられなかった野心家たちは、北方異民族のもとで働いた。京都で出世できひんかった下級貴族の大《おお》江広元《えのひろもと》が、鎌倉幕府で重用《ちようよう》されたようなものです。

だから、都《みやこ》を黄河沿いにこしらえて、人の出入りを監視したのでしょう。南方に進出する選択肢もあったけれども、やはり北の管理はおろそかにできない。

佐藤 北を守ることが最重要だったということですね。さまざまな手を尽くせば、守れたでしょうか。

井上 いや、守りきれないですよね。へっぴり腰の粋《すい》を尽くして防衛するのですが、困難な道でした。実際、宋は金の侵攻によって南に追いやられ、モンゴルに支配されたわけですから。

最大の略奪品は人

佐藤 中国には勢力を伸ばすという選択肢は本当になかったのですか。

井上 明の頃は膨張しませんでしたが、満州《まんしゆう》族が支配した清になると、モンゴル意識が蘇《よみがえ》ります。清の皇帝は、中国の皇帝であると同時にモンゴル、満州を統《す》べるハン（君主）でもありました。乾隆《けんりゅう》帝の時はチベットに侵攻し、さらに新疆（新しい領地を意味）を奪い取りました。現在の中国が抱えている新疆ウイグル自治区の問題を作ったのは、清朝です。

佐藤　中国は内向的と言っても、騎馬民族政権の時は外に出て行きますね。

井上　中国人、つまり漢人が牛耳《ぎゅうじ》る政権は結局、文弱《ぶんじゃく》だったんじゃあないでしょうか。戦争はあまりやりたがらない。できれば、金で解決したい。黄河流域は、高い教養水準を持った人たちのエリアでした。彼らは、力が強いだけの異民族を見下していたと思います。しかし、喧嘩《けんか》には勝てないので、知恵を絞って何とかやりくりしたというのが、私のイメージする中国のあり方です。

佐藤　同感です。武力で無理矢理言うことを聞かせるよりは、文化を重視して平和的な繁栄を目指す志向性を持っていたと思います。

やはり、中国は豊かな国なのです。イギリス人の学者が日本に来て収穫時期の田を見た時、ひとつの稲穂から取れる米の量に驚いたそうです。麦はこれほど取れません。このような効率のいい作物を主食にしていれば、人口は増えるだろう、東洋の人口が多い理由がわかった、と。中国も北方は麦ですが、長江《ちょうこう》（揚子江《ようすこう》）流域は米です。豊かさという意味では南方に下ったほうがいいはずですが、防衛線を北に作っているのは、豊かなエリアを守っていれば、存続できるということなのかもしれません。

井上　水田の維持には非常に手間暇《てまひま》がかかり、ヨーロッパの麦と比べれば単位面積あたりの労働量が多い。中世ヨーロッパにおける農業技術の革新に三圃制《さんぽ》（農地を秋に種をまく小麦などのエリア、春に種をまく大麦などのエリア、家畜を放牧する休耕地の三つに分け、地力の低下を防ぐ）がありますよね。でも、水田耕作に比べればたいした農業じゃあありません。

佐藤　むしろ、それまで何もしていなかったことに驚きを感じます。

井上　ローマ帝国時代のイスパニア領には、地下水を利用した灌漑《かんがい》農業もありましたが、西ゴート族にはその技術が理解できなかったので、使いこなせなかった。その後、灌漑農業を復活させたのは、後ウマイヤ朝のイスラム教徒たちです。

佐藤　スペイン南部のアルハンブラ宮殿には噴水がありますが、これは「自分はこれほど水を使える力を持っている」というデモンストレーションです。なぜなら、イスラムでは水が富《とみ》の象徴ですから。逆に言えば、水の利用についてはすごく神経質であり、それが文明を築くことにつながったと言えます。

日本は雨が多く、水には恵まれています。日本の農業は園芸に近いなどと言われますが、それだけ手間をかけても元が取れるというのが、アジアの豊かさではないでしょうか。

井上　北方遊牧民は、漢や唐と平和条約を結んでも、しばしば反故《ほご》にして侵攻しました。中国で何を奪うのか。最大の略奪品は人です。北方遊牧民は人口が少なく、人材でも圧倒的に劣るため、奴隷を調達するわけです。また、中国と違い、広大な田園地帯はないので、農作物は商《あきな》いで購入するか、力で奪い取るかしかない。

佐藤　ヨーロッパの場合、ゲルマン民族が南に下って征服王朝を建てたとしても、その土地にいた人たち、特に教会の力を借りないと存続できませんでした。中国の場合も、鮮卑族などの北方遊牧民が下りてきて、征服王朝を建てたけれども、やはり漢人を使わないと統治できなかったでしょう。

井上　人文的教養のみならず、経済的な知恵の積み重ねや政治的な統治能力などでは、漢民族が秀《ひい》でていました。ただし、モンゴルのフビライ・ハン政権は、経済官僚の多くをムスリム（イスラム教徒）から調達しています。その意味でも、モンゴルは世界帝国だと思います。

イケメンぞろいの遣唐使《けんとうし》

井上　いっぽう、朝鮮や日本は、しばしば中国へ朝貢をしました。ちなみに、遣唐使には男前が多かったようです。背が高く顔がノーブルな中国人のあだ名は「日本使節」だった、という内容の漢詩があるくらいです。日本は、男前かつ漢文の素養がある人を遣唐使に選んで送っていました。中国皇帝の前、つまり朝鮮、ベトナム、日本の使節が勢ぞろいする華《はな》やかな場で注目を集めるためには、外見も重視されたのです。

私はブラジルのリオデジャネイロで三カ月間、暮らしたことがあります。現地の女性に「どうして、日本から来る外交使節は、あんなに不細工な人が多いのか」と言われたことがあります（笑）。不細工だけならまだしも、「パーティーで原稿を取り出して棒読みするので、乾杯を待っている私たちはひたすら退屈。あれでは日本の国益にならない」とまで言われました。

それで、尋《たず》ねるわけですよ。「外交官に求められる資質は何ですか」と。彼女は「エレガンス」と即答しました。東京大学にはない感覚です。国家公務員志望の東大法学部生に「君はルックスがいいから外務省に行け」という指導はありえないでしょう。

佐藤　ヨーロッパの常識はそうだと思います。フランス国王ルイ十六世の王妃マリー・アントワネットの不倫相手だったスウェーデンのハンス・アクセル・フォン・フェルセンは、名門貴族の出身であり、男前でした。見た目がいいから、外交使節に選ばれたのです。ロシア皇帝の側近もみな美男子ぞろいで、そういう人ばかりが外交使節として来るので、ナポレオンはずいぶん肩身の狭い思いをしたと言われています。

井上　ナポレオンは小柄な人やったから。

佐藤　逆に言えば、現代日本は、そこまで気を使って外交使節を送らなくても成り立つ国なのでしょう。

井上　七〇二年の遣唐使は白村江《はくそんこう》の戦い以来、大陸としっくりいっていなかった日本の輿《よ》望《ぼう》を担《にな》って派遣されました。メンバーのひとりである粟田真人《あわたのまひと》はイケメンで、則天武后《そくてんぶこう》という女帝にかわいがられます。官位も与えられ、「このまま中国にとどまらないか」と誘われたようです。

当時、中国の文書において、日本は「倭国《わこく》」と表記されていました。ちっぽけな国、みみっちい国という意味です。ところが、則天武后の頃から、中国は「日本」という国名を使い始めた。ひょっとしたら、粟田真人と女帝の間に「陛下、われわれを『倭』と呼ぶのはおやめくださいませんか」「そうね。あなたを見ているとちっぽけとは思えないものね」などというやりとりがあったかもしれない（笑）。

佐藤　そういうところが、意外に大事なのです。

中世に完成した近代システム・科挙

井上　モンゴル帝国はイスラム官僚を使いましたが、宋の時代に「科挙《かきょ》（官吏任用試験）」が確立します。科挙自体は隋の頃からあったのですが、有力豪族や貴族、そしてコネのある者が優遇されました。それが宋代からはガチンコ勝負になり、受験地獄が始まるのです。ヨーロッパでは中世の十世紀に、近代の特徴である能力主義を取り入れた。これは世界史的に見ても非常に早い、珍しい事例だと思います。京都大学の東洋史は、宋代から中国は近世を迎える、中世から脱《ぬ》け出したという歴史観を持っています。

佐藤　ようやく十九世紀からですが、フランスではグランゼコール（各分野のエリート養成を目的とした高等教育機関の総称）の卒業生が官僚になっています。その権威は、大学を凌《しの》ぎます。世界でも多くの国が試験を実施して、勉強のできる者を官僚にしていますが、中国が特に早かったのはなぜですか。

井上　有力豪族に左右されずに、国家運営を行なうという強い思いがあったのではないでしょうか。それを朱子学などが裏づけた。ただ、どこまで実現できたかは疑問です。実際には、試験のための書籍を買うだけで多額の費用がかかり、家庭教師をつければさらにかかります。合格者には、やはり有力豪族の子弟が多かったようです。

佐藤　フランスでは十四世紀から十五世紀にかけて、国家が教会に頼らずに政治をしようとした時、地方の官僚や裁判官になるにも法学士の資格を条件にしたのですが、これもどこまで浸透したかは疑問です。結局、貴族たちはあまり勉強せず、ブルジョワたちが必死に勉強してお金でポストを買うようになりました。

井上　お金さえあれば貴族にもなれたわけやね。

佐藤　高級な官職を買えば、すぐに貴族になれました。そうでない官職を買っても、だいたい三代後に貴族として認められました。このように、お金とバーターにしてブルジョワたちを登用し、そのエネルギーをうまく引き出したのが、フランスのケースです。

井上　売れる官職がこれ以上ないという段階で、自分も貴族になれると野心をたぎらせていた人の門戸《もんこ》を閉ざしたことが、革命の引き金《ひがね》になったと聞いたことがあります。

佐藤　それまでの王家は、お金がなくなると新しい官職を作っていたわけです。それを売りに出すとブルジョワたちが飛びついて、国家の収入も増えた。ところが、官職がもう増やせなくなり、ブルジョワたちの不満が募《つの》る。そして、王が貴族や聖職者から税を取ろうとして、みんなから総スカンを食ったのが、フランス革命です。

井上　試験勉強のよくできる人が、国を支えるのがいいか悪いかという本質的な問題はありません。しかし、それが近代の目指した方向であったことはまちがいありません。それを世界に先駆けてやったのが、中国だったわけです。

中国社会は地縁か、血縁か

井上　「やはり中国人は日本人と違うなあ」と感じることのひとつに宗族《そうぞく》、つまり血のつながりがあります。イタリアもそうですが、中国人はファミリー意識が強い。

社会学に、近代化とともに地縁・血縁を中心にした「ゲマインシャフト（共同体）」は後退し、ゼニカネの関係でつながる「ゲゼルシャフト（利益社会）」がクローズアップされるという議論があります。しかし、海外に飛び出した中国人たちの間では「あいつとはファミリーだ」という血のつながりの意識が、よりいっそう強化された。それが増幅されて、華僑《かきょう》のネットワークが作られていったのではないでしょうか。

佐藤　地縁・血縁が強いということは国家権力が弱い、もしくはないということですね。

井上　中国の地縁は、血縁ほど強くありません。たとえば、一八五六年に起きた清と英仏連合軍との戦いであるアロー号事件では、近所に敵が攻めてくると、住民はすぐ逃げ出しました。なんとしても土地を守る、というような人たちではありません。

佐藤　そうすると、強いのは血縁ですね。

井上　華僑もそうですが、大陸に残った中国人も血のつながりを重んじます。日本に来る中国人たちがおしなべて言うのです。「江戸時代や明治時代の日本の商慣習を見ていると、頻繁《ひんぱん》に養子をもらったり、番頭を後継《あとつ》ぎにしたりしているが、中国では考えられない」と。日本の商人は、店と暖簾《のれん》を守れるのなら、息子（実子）にはこだわらないわけです。むしろデキの悪い息子なら、それを退《しりぞ》かせて優秀な番頭に譲《ゆず》る。それは「中国ではありえない」そうです。

佐藤　イタリア人のなかでも、南方のナポリ人やシチリア人は、ずっと外国の王に統治されていたので、自助努力をしようという傾向が強く、それが「カモッラ」「マフィア」などと呼ばれる地下組織になっていきました。この場合、血縁もありますが、地縁もあるわけです。映画の『ゴッドファーザー』じゃないですが、自分はシチリア出身だから、アメリカに移民しても、シチリア人を頼ろうというようなつながりがパターンとしてあるのです。そこは中国人とは違います。

井上　フランス国王のルイ十三世は、たぶんルイ十三世の息子ではなかったでしょう。ルイ十四世の王妃アンヌ・ドートリッシュは別の男と関係していた。周囲は薄々《うすうす》気づいていたけれども、ことさら騒ぎ立てることなく、やりすごしていました。

『源氏物語《げんじものがたり》』では、光源氏《ひかるげんじ》と皇妃である藤壺《ふじつぼ》がたった一度の密通で子をなします。すると桐壺《きりつぼ》帝は子どもを見ながら、光源氏へ「おまえにそっくりだね」と語りかける。光君《ひかるきみ》はうろたえます。その慄《おのの》きが、十一世紀の文学になったんですね。世界史的に見ても、抜きんでているんじゃあないかな。

中国では、皇帝の血筋を残すために、后妃《こうひ》や女官《にょかん》たちが暮らす後宮《こうきゅう》には宦官《かんがん》しか入れませんでした。江戸幕府の大奥はそれに近くなりますが、それでも宦官のような存在はありませんし、日本人の私たちには理解しがたい。ただ、平安時代の宮廷が、江戸時代や中国より開けっぴろげだったことは事実です。

佐藤　平安時代と江戸時代の差はどこにあるのでしょうか。やはり、儒教ですか。

井上　江戸時代は、儒教の影響を受けたと思います。

佐藤　中国の宮廷も、儒教的な考え方で造られたのですか。

井上　儒教のせいかどうかはわかりませんが、とにかく後宮を守ろうとした。もちろん、不義の子ができることは避《さ》けられなかったでしょう。だけど、それを食い止めようとする、血のつながりは守る体制を取っている。ここに、中国人が抱く「血」への意識を感じるのです。

中国人のナショナリズム

井上　清朝まで、中国にも貴族がいて、それが辛亥革命以後、一掃されたと考える日本人は少なくないでしょう。しかし、この見方はまちがっています。

宋以後の中国に貴族はいません。地方の有力者はいましたが、身分ゆえの特権を持った人はいなかった。特権を持ったのは、科挙に通った人だけです。しかし唐までは、貴族も官僚になりました。朝廷で高位を占《し》める藤原《ふじわら》氏めいた一族もいたのです。宋代以後、それがなくなった。その意味で、宋はとんでもない近代国家をつくったわけです。それこそ、フランス革命に八〇〇年も先駆けている。

佐藤　日本の封建制は、官僚制へのアンチテーゼとも考えられます。それに比べると、中国は昔からデスポティズム（専制政治）でした。皇帝のもとに強力な官僚制が敷かれていました。

井上　科挙を「民主主義（デモクラシー）の賜《たまもの》だ」と言えば語弊《ごへい》があるかもしれません。でも、その形は民主的です。そして、科挙は同時に君主の立場も強くしました。受験勉強に勝って皇帝に採用されるからこそ、官僚の皇帝や国家に対する忠誠心は高くなるからです。家柄などたいしたことのない自分を選んでくれたから、心を込めて仕えよう、と。デスポティズムとデモクラシーの共存です。

佐藤　そこがおもしろいですね。ヨーロッパや日本が封建制に移行し、貴族的特権ができる時に、中国ではそれを一掃してしまったということですから。それゆえに、後代のフランス革命について、日本人は感情移入できても、中国人はできないかもしれない。

井上　前述のアロー号事件以降、清朝は中国人が外国人によって国外へ連れ出されることを止められなくなりました。その結果、目端《めはし》が利《き》く優秀な中国人が欧米のマーケットに組み込まれ、シンガポール、マレーシアなど東南アジアに広がる華僑を構成しました。まあ、華僑自体はずいぶん前からいますが、この時期に増えたんでしょうね。中国人のナショナリズムは彼らによって煽《あお》られた、と私は考えています。孫文は、そのような一族の出身者です。

「国民国家」は、国民的同一性を基礎として成立した近代的中央集権国家のことですが、清朝にすれば中華民族意識に目覚められたら困るのです。清朝は、満州族も蒙古族もチベット族も漢民族もみな、清朝の人民であるという体制を保ちたかったのです。

佐藤　当時、多数の中国人がアメリカにも渡っています。アメリカはちょうど奴隷を解放した頃でしたから、中国人が奴隷に代わる安い労働力になったのです。

アメリカは民主主義を標榜しており、中国人も市民権を得たら、投票できます。中国にいた時は、政治的には無力だったけれど、アメリカでは「投票によって自分たちの意思を示すことができる」ことを学びます。こうして一定の力を持つようになると、この場合は「アメリカ人」の意識が強くなったのでしょうか。

歴史からは読み解けない、今の中国

井上　乾隆帝の覇権的なふるまいに代表される清朝の膨張路線は、官僚たちが政治機構の根幹を支えるなかで弱体化し、文弱な国になっていきました。清朝末期になると、外国の、言わば「慰《なぐさ》み者」のようになってしまいましたが、現在の共産党が支配する中国は乾隆帝時代の覇権主義を思わせます。

中国的な伝統のなかには、人文的教養で裏打ちされた、文人《ぶんじん》の文化が流れていると思います。しかし、この文化は一九六六年から一〇年あまりにわたって毛沢東《もうたくとう》の主導した文化《ぶんか》大革命《だいかくめい》で一掃されました。文化を愛し、芸術を嗜《たしな》み、風流に生きる伝統がいったん途絶《とだ》え、以後の中国は異民族王朝のようになってしまったかのようです。ただ、人文的教養自体が要《い》らないというのは、世界的な趨勢《すうせい》です。日本でも「文学部不要論」などが湧き起こっています。

佐藤　中国人が外に出ず、内で満ち足りていることの理論武装として、「徳《とく》」や「文《ぶん》」に高い価値を置く、中国なりの考え方がありました。すなわち、外へ出て行かないことが自分たちの弱さではなく、文明の高さだと認識していた。それを突き詰めれば、人文的教養になるのでしょうが、このような感覚が文化大革命によって抹殺《まっさつ》されたように感じます。

井上　古典などを勉強する者は、ブルジョワの手先とされましたから。

佐藤　中国は昔から残酷なことや、容赦《ようしゃ》ないことをするいっぽう、それを良しとしない美徳も持っていました。しかし、現在の中国では、その美徳が失われ、苛酷《かこく》な競争社会を勝ち抜いた者が正義であるという弱肉強食の論理が、前面に出ているように思います。そうだとすると、これからは内向きの中国ではなくて、どんどん出て行く外向きの中国になっていくかもしれません。

井上　中国政府が掲《かか》げる「一帯一路《いったいいちろ》」政策に、かつてソグド人をはじめとする中央ユーラシアの遊牧民たちが作ったルートへの回帰欲を感じます。

佐藤　文弱な中国のあり方ではないですね。

井上　中国共産党は一時、国民の私利私欲を抑えつけました。でも、私利私欲を抑えつけると、人は働かない。それで、全体主義のしくみを残しながら、「金儲けをせよ。儲けた一部を中央に送れ」と、各地の共産党指導部に指令を出した。その結果、各地で競い合うかのように産業が興《おこ》りました。

日本の奈良時代に、律令制は私利私欲を禁じています。でも、最終的には墾田永年私財《こんでんえいねんしざい》法《ほう》で、自分で耕《たがや》した土地は自分のものにしてもよくなった。平安時代に入ると、まだ律令制のしくみはありますが、地方経営を任された受領《ずりよう》は、収益の一部を京都に送れば、あとは何をしてもいいことになった。なかには、あくどいことをして荒稼ぎした者もいましたが、このほうが清らかな律令制以上に中央へはより豊かな富《とみ》が届くのです。

中国共産党がそのしくみを保持したまま、私利私欲を肯定することによって、国家がどんどん豊かになっていく様子を見ていると、日本の律令制後半期と同じことが起きているように思います。

佐藤 ローマでも、有力者は都《みやこ》で執政官などを務めたあと、属州《ぞくしゆう》の総督になりましたが、約一年の任期の間、どれだけ稼いで私腹を肥《こ》やすかに狂奔《きようほん》しました。ローマの政治制度は本来、権力や金が特定個人に傾《かたむ》かないように設計されていましたが、抜け道があったわけです。その結果、属州が開発され、ローマ帝国も豊かになっていきました。

ローマが属州をつくったのは、地中海の覇権をめぐり、紀元前三世紀から二世紀にかけてカルタゴと三度にわたって戦ったポエニ戦争、その第一次戦争に勝利してからのことです。それまでは軍事力ばかりが強大で、野蛮な国というイメージでしたが、属州を統治し始めてから豊かになりました。

井上　属州へ赴任して行った人たちには、相当な腐敗《ふはい》もあったようです。そのあたりも、中国共産党の地方指導部と通じ合うところがあります。それでも、私利私欲を肯定したほうが、中央は潤《うるお》うのです。もちろん、いかに儲けるかだけを心がけると、むごいことも引き起こされますが、公正とか公平という価値を重視すれば、生産性は落ちてしまいます。中国政府は、そこらあたりの匙《さじ》加減をうまくやろうとしているようですが、難しいでしょうね。

佐藤　現在の中国を見ていると、過去の中国とはまったく異なる雰囲気を強く感じます。これまで、中国は南に下りてきませんでしたが、今後はどこに向かうのか。インドに行くにはヒマラヤという壁があり、ベトナムやインドシナ半島に出るにはジャングルという壁がある。だから、海すなわち太平洋に出ようとしているのでしょう。明の永楽帝《えいらくてい》に仕えた武将・鄭和《ていわ》は大遠征の末、アフリカを発見しましたが、これは例外で、中国は元来《がんらい》「大陸国」であり、「海洋国」ではありませんでした。それが海に出て行くと、どうなるのか。すでに海に出ているアメリカ、イギリス、日本、周囲のフィリピン、インドネシアなどとぶつかるのか。そのあたりが、今後の世界のパワーバランスを決めていく。あるいは、それがきっかけとなって世界史が一気に新しいフェーズに入っていくような気がします。

第5章 ヨーロッパの二段階拡大

暗黒時代から生まれたルネサンス

佐藤　ヨーロッパは大航海時代と産業革命の二段階を経て、世界の中心になるというのが、私の持論です。その前に「ルネサンス（フランス語で「再生」を意味する文化運動）」を見てみたいと思います。

前述のように、十三世紀のヨーロッパは気候も温暖で牧歌的な時代でした。ところが、十四世紀になると寒冷化し、ペストが流行。また、それまでは教皇が「神の平和」を唱え、抑えていた戦争も頻発します。ヨーロッパ人に「どの時代を生きたくないか」と問うと、多くの人が十四〜十五世紀を挙げます。

井上　オランダの歴史家ヨハン・ホイジンガが言う「中世の秋」ですね。冬に向かっていく厳しい時代だった。

佐藤　このような厳しい時代を生き抜き、次世代にバトンタッチできる人たちは、試練を乗り越えて強くなっているわけです。十五〜十七世紀に、ヨーロッパ人が世界各地に進出する大航海時代を迎えますが、彼らがなぜ出て行けたかという理由について、ペストの時代の生き残りで、遺伝子的に強かったからという説があるくらいです。三人に一人が亡くなるような環境のなか、生き延《の》びた強い種《しゅ》だった、と。

しかし、この言説はかなり乱暴です。単に強いからではなく、厳しい環境を何とか乗り越えようと新しい可能性を探し、試行錯誤を重ねた結果ではないでしょうか。そして、辿り着いたのが、いわゆるルネサンスだと私は考えています。

ルネサンスは一般に「古代ギリシア・ローマの復興」と言われていますが、統治に関するローマ法が復活するのが、この時期です。中世の法律はゲルマン法でした。ゲルマン法は、慣習法です。つまり、昔からこうしてきたから、これが正しい、というものです。この理屈では、より古いものが正しいことになります。現行の法律では対処法が見つからなくなると、より古い法律を探してくるわけです。これだと、たとえ悪法でも古ければ正しいことになってしまう。困難を解決しようと新しい法律を作っても、古い法律によって否定されるのだったら、新しいことなどできません。では、どうしたらいいかという時に出てきたのがローマ法なのです。

法律は、新しいほうがアップデートされているわけですから、良い法律であり、王が新しく定めた法律のほうが慣習法よりもいいということを「法学」として展開していくのが、まさにルネサンスの時代です。

国家の税金が確立するのも、この時代です。それまでは王も貴族も、領地からの年貢が基本で、税金は取ってはいませんでした。それが改められ、国を率いる君主だけは年貢とは別に税金をかけていいという新しい考えが出てきます。この根拠になったのは、ローマが帝国を維持するために税金を取っていたことでした。同時に貨幣経済が浸透し、商業を肯定的にとらえる考えも広まっていきました。

科学も、大きく変化します。カトリック教会による「天動説（地球の周囲を太陽などが回っている）」が世を支配していましたが、ガリレオ・ガリレイは地球が太陽の周りを回っている「地動説」を主張しました。

医学の場合、それまではキリスト教の教えにもとづき、人体の解剖ができませんでした。人間の体は神が創ったものであり、それを暴くことは禁止されていたのです。仮にそれを行なう権利があるとすれば、聖職者だけにあるとされました。現代でも、薬草を栽培して薬を製造している修道院がありますが、中世には教会が医学も独占していたのです。しかしルネサンス期になると、レオナルド・ダ・ヴィンチが人体解剖を行ないました。

井上　当時、人体解剖は神の領域を侵《おか》すいとなみ、と見なされていましたね。でも、今は普通に行なわれています。現在、神の領域として人間の遺伝子操作は禁じられていますが、いずれ行なわれるようになるのかもしれません。

俗語運動

佐藤　ルネサンス期には宗教改革が行なわれ、神秘を独占していたカトリックの聖職者から利権をどんどん奪っていきました。そのなかで私が注目するのが、教科書にはあまり出てこない「俗語運動」です。

ルネサンス以前、書き言葉はラテン語であり、素養のある人しか読めませんでした。これを俗語、つまりフランスならフランス語、ドイツならドイツ語にしようとしたのが、俗語運動です。たとえば、イタリア最大の詩人ダンテ・アリギエーリの『神曲《しんきょく》』がイタリアのトスカナ語で書かれたり、イギリスの詩人ジェフリー・チョーサーの『カンタベリ物語』が英語で書かれたりしました。

井上　日本へ来たイエズス会の宣教師がローマに送る手紙もラテン語ではなく、ポルトガル語やイタリア語になっていました。俗語革命はいつから進行したのですか。

佐藤　十四世紀くらいです。ヨーロッパの『聖書』はラテン語で書かれており、聖職者はそれまで、わかるような・わからないような説教をしていました。それに対し、聞く側である信徒の間に、本当はどのようなことが書かれているか直接、読みたいという欲求が高まり、フランス語や英語に訳そうという試《こころ》みがなされるのです。

はたして、俗語に訳された『聖書』が刊行されると、信徒たちが「『聖書』と違うじゃないか」と言えるようになりました。聖職者たちはウソがつけなくなり、宗教改革が止められなくなるわけです。ルネサンス期には、マルティン・ルターによる聖書のみを信仰する「聖書中心主義」や、ジャン・カルヴァンのように聖職者自体を否定する主張も登場しました。プロテスタントの「牧師」は聖職者でなく、教職者の位置づけです。

井上　しかも十五世紀、ドイツのヨハネス・グーテンベルクが印刷技術を開発してからは、『聖書』も印刷されるようになりました。

佐藤　カトリックの強いフランスでは印刷が許されなかったのですが、それでもスイスで印刷された『聖書』が出回りました。印刷された『聖書』は、国境を越えて流通していきます。この流れは止められません。そしてヨーロッパ各地に宗教改革が起こり、教会の権威が揺らぐいっぽう、カトリックではイエズス会を筆頭に、建て直そうという動きが出てくるのです。

宗教改革の影響で、カトリックはヨーロッパの勢力の半分をプロテスタントに奪われる結果になった。その失った分を取り戻すべく、世界に出て行くわけです。

行路《こうろ》の大転換

佐藤　ここからは、ヨーロッパ発展の第一段階・大航海時代について見ていきます。

十三世紀末に成立したオスマン帝国を筆頭に、イスラム勢力は強大だったため、ヨーロッパ人はなかなか、陸路でインドに行くことができませんでした。しかし十五世紀末、ポルトガルのヴァスコ・ダ・ガマがアフリカ回りの航路を発見すると、イスラム世界が支配しているエリアを通らずにアジアに行けるようになります。さらに、イタリア人のクリストファロ・コロンボ、つまりはクリストファー・コロンブスによって大西洋航路が発見され、同じくイタリア人のアメリゴ・ヴェスプッチによって新大陸＝アメリカも認識されるようになりました。これが「大航海時代」と言われる一大転換です。

井上　これら航路の発見以降、それまでユーラシアのメインルートだった草原地帯が次第に後景へ退き、東西の大動脈が海路に移った。これが、その後のヨーロッパによる世界制覇へつながっていくわけです。やはり、交易路を握る者は強い。逆に、ここから推《お》し量《はか》ってほしいのは、かつて草原のルートを牛耳った中央アジアの諸民族が、どれだけ強大な力を持っていたかということです。

佐藤 世界史のミカタですね。世界史にはまず陸の時代、陸上を往来する者の時代があり、それが海の時代、海上を制する者の時代に変わったのだ、と。近代から見ると、ヨーロッパは常に偉大だったような錯覚に陥《おちい》りがちですが、海に出て天下を取ったのは十六世紀からですから、たかだか五〇〇年程度。いっぽう、遊牧民が圧倒的な力を持った期間はそれよりも長いですね。

井上 中央アジアの遊牧民は、馬やラクダで物を運びましたが、大きい物は運べないし、小さい物でも大量には運べません。だから、高く売れる贅沢《ぜいたく》品や奴隷の運搬が主となります。でも、海のルートになると、日常生活品まで運ぶことができるようになりました。しかも、大量に。これは大きかったと思います。

佐藤 何とかインドに行きたいけれど、陸路では行けないから、苦肉《くにく》の策として開拓したのが海のルートだった。後発の発展途上国だったから、挑戦したわけです。

贅沢《ぜいたく》品の経済学

佐藤　インドで手に入れたかったのは、胡椒《こしょう》などの香辛料《こうしんりょう》です。それまでは高いお金を払ってイスラム経由で手に入れていましたが、インドから直接仕入れれば、安くなるからです。胡椒は調味料としてだけでなく、保存料や薬としても重宝《ちょうほう》されました。

井上　奢侈《しゃし》品、嗜好《しこう》品の持つ力は侮《あなど》れません。たとえば、ロシアではミンクとテンを狩猟するために、ハンターたちがシベリアの奥地まで入りました。ロシアがあれだけ領地を広げたのは、ミンクやテンの毛皮を欲しがる人々がいたからです。ユーラシアの中央では、東から西へ向かう流れが歴史の主流でしたが、スキタイと並び、その例外として挙げられるケースです。ロシア帝国が国土を拡大する大きな背景には、毛皮への情熱もあったわけです。ドイツの経済学者ヴェルナー・ゾンバルトは、その著書『恋愛と贅沢と資本主義』で、経済に占める贅沢品の意義を書いています。

佐藤　江戸時代、オランダ船が長崎の出島《でじま》に来て、瀬戸物《せともの》（大衆向け陶磁器）を買い入れています。当時の日本人は、そんな物を買ってどうするのだろうと思っていたようですが、ヨーロッパに持ち帰れば、宝物扱いされました。実際、パリのヴェルサイユ宮殿にはそれらが飾られており、彼の地の王侯貴族はその食器でお茶を飲んだり、お菓子を食べたりするのが最高の贅沢だったのです。

井上　世界遺産の石見《いわみ》銀山（島根県大田《おおだ》市）から産出した銀も、彼らに買われていきました。基軸通貨がない時代、国際間取引では、金よりも銀がその役割をはたしやすかったため、銀の需要は大きかった。大航海時代初期はメキシコ産が主でしたが、日本産も有名でした。そのせいか、今や日本はほとんど銀が産出しない国になっています。その後は、中国産になりました。

佐藤　井上先生が指摘した贅沢品とは、要するに「距離の商売」ですね。遠くから来るほど品物の価値が高くなる。仕入れ値がタダ同然でも、その希少性ゆえ高く売れて、大きな利益が出る。運搬にコストがかかるけれども、そのコストを差し引いても数倍の利益が出る。それが、この時代の商売の旨味《うまみ》です。逆に言えば、距離が商売になったということは、長距離を踏破することがまだ難しい時代だったとも言えます。

井上　命がけでもあったんやね。船乗りは航海中、ずっと男同士の暮らしを続けるから、寄港地で女が欲しくなる。そうして、港町が歓楽街になっていくわけです。

大航海時代の「点の支配」

佐藤　ヨーロッパ人が進出し、領土としたのが、新大陸アメリカです。もともと人口が少なかったところに、天然痘《てんねんとう》、梅毒、チフスなどの病原菌が持ち込まれて人口が激減、征服しやすかった。もうひとつは、シベリアです。やはり人がそんなに住んでいなかったところなので、行って自分の土地だと言えば、割と簡単に自分のものになりました。

その他は、マカオのように寄港地にはできても、領土として取れたケースは多くありません。アメリカ新大陸のインパクトが大きいので、いかにもヨーロッパが世界に広がったようなイメージがありますが、実際には拠点を取る、すなわち「点の支配」にとどまっていました。たとえば、インドにおけるイギリスも、ゴア、ボンベイ、マドラスなど、主に港を支配したのです。

井上　戦争と内戦の時代を経てタフになったヨーロッパ人は、さまざまな病原菌にも抵抗力を持っていた。これに、インカ帝国は耐えられなかった。日本もそこそこ病気をもらっています。たとえば、梅毒など十五世紀の日本列島にはまったくなかったのだけれども、戦国期へ入ると記録にある。でも、人口が大きく減ることはなかった。ということは、日本人もヨーロッパ人並みに、タフな時代を生き抜いてきたということかもしれへん。

佐藤　当時の日本は戦国時代で、ヨーロッパ人から見てもひどい社会だったようです。ヨーロッパの戦争は、もう国と国との戦いですから、国内では平和が保たれていた。ところが、日本では現在の県はもちろん、市町村レベルで戦っていた。つまり、ほとんどの人々が戦乱に巻き込まれていました。いつもどこかで合戦が行なわれており、そんな状態が一〇〇年以上も続いたわけですから、社会全体が殺気《さっき》立っていた。しかも、人口が多いので、こんな野蛮な奴らとまともに戦争はできないと思ったようです。

井上　ひょっとしたら、宣教師の目には、黒田官兵衛《くろだかんべえ》あたりがフィレンツェの政治家・思想家で、『君主論』を書いたニコロ・マキァヴェリのように見えたかもしれない（笑）。

佐藤　よく「イエズス会が日本を支配しようとした」などと言われますが、当時のポルトガルの人口でも、日本列島を支配することはありえません。

井上　でも、長崎をマカオのようにするぐらいのことならありえたのではないですか。

佐藤　それは「点の支配」ですから、可能性はありましたね。

海軍国になれない日本

井上　わからないのは、なぜ日本が鎖国をしたのかということです。十七世紀はじめには、バンコク（タイ）、ルソン（フィリピン）、プノンペン（カンボジア）などに日本町《にほんまち》（日本人居住地）ができていました。なかには、ベンガル湾のアラカン王国のように、日本人の傭兵《ようへい》部隊をそろえていたところもありました。戦国の乱世が終わり、就職口の見つからない侍たちが海外に出て行ったのです。彼らと交流を続けていれば、今頃は日本からインドの東あたりまで、日本語で旅行ができたかもしれへん（笑）。しかも、関西弁で。

豊臣秀吉《とよとみひでよし》は長崎をイエズス会に取られるかもしれないとおびえたようですが、長崎を取られたらマカオやルソンを取ってやろうとなぜ考えなかったのか。

佐藤　そこが、日本のチグハグなところです。日本は海に囲まれた国ですから、本来なら海防をメインに据《す》えた海軍国であるべきです。イギリスがその典型です。ところが、日本は武家政権の頃から陸軍国の伝統を持っている。それが鎌倉時代からか、室町時代からか、戦国時代からかはわかりませんが、日本の武士は海戦を想定することはほとんどなく、陸戦ばかりを想定していた。その最たるものが、鎖国を推進した徳川《とくがわ》政権です。

ただ、織田信長《おだのぶなが》はその悪《あ》しき伝統から脱《だつ》していたと感じさせるところがあります。豊臣秀吉はイエズス会のむこうに、スペイン・ポルトガルの影を見たのでしょうが、商業や海上交通を重視する感覚を持っていました。しかし、徳川政権に関してはそのような感じがしません。

井上　徳川政権はむしろ、本当に外国におびえていた感じがしますね。「大船《たいせん》建造の禁」まで出していますから。

佐藤　これだけ海に出やすい立地にもかかわらず、外洋船の建造を禁じる。それだけでなく鎖国までしたのは、島国なのに陸戦重視という変な伝統のままで来たからだと思います。明治以降も同様です。当初は「海主陸従（海軍がメインで陸軍がサブ）」でしたが、いつのまにか「陸主海従」となっていきました。これを切り換えることができれば、東南アジアとの交易がさかんになり、それこそ中国大陸に進出しようという発想は生まれなかったかもしれません。

もちろん、徳川家康《いえやす》はキリスト教禁止の決断をしたけれども、貿易までは禁止していません。ですから、家康の施策というより、幕府の政策なのでしょう。

井上　イギリスは、ナポレオンによる大陸封鎖で相当困りますね。そんな状態に、日本人は自らを追い込んでいるわけやね。

佐藤　イギリスは当時、すでに産業革命を成し遂げた先進国でした。つまり、国際分業が成立しており、原料や食料などは輸入していた。いっぽうの日本は自給自足経済で、食料を輸入する必要もない。逆に言えば発展途上国かもしれないが、鎖国ができるほど、豊かだったとも言えるわけです。

なぜ、日本町は発展しなかったのか

井上　ベトナム中部の海沿いにある古都ホイアンには、かつて日本町が栄え、今でも日本的地名が残っていますが、現在は中華街です。日本人が開いた町ではあるけれども、日本との往来が途絶えると、日本人は現地にとけこんでいき、のちに中国人が入植したのです。ブラジルのサンパウロも日本人入植者が多くいた都市ですが、成功した日本人は郊外で自分の牧場を持つようになり、日本人がいなくなった日本町には今、中国人や韓国人が住んでいるようです。

佐藤　海外にできた日本町がその後に萎《しぼ》んでいったのを見る限り、日本人は日本の国土に暮らしているから日本人という意識が強く、外国に日本の国土を再現しようという発想はあまりないように思います。

井上　そうだとすると、日本人は中国人になれないし、ユダヤ人にもなれない。中国人はどこに行っても、その土地をチャイナタウンにする発想があるように感じますが、日本人にその気概は薄いように思います。強《し》いて言えば、戦前の満州（中国の東北部）でしょうか。まあ、今の上海《シャンハイ》には、新しい日本人街もでき始めているようですが。

佐藤　仮に満州が日本の領土になったとしても、日本人ははたして居ついただろうかという疑問は残ります。イギリス人はアメリカ、カナダ、オーストラリアには居ついたけれども、その他の植民地には居つきませんでした。つまり、先住民の人口が少ないところに住み着いた。人口が少ないところは、自分たちの都合でいろいろ変えられるので、新たな居住者にとっては都合がいいのです。人口が多いところに入り込んで、居続けるのは中国人ぐらいでしょうか。

井上　ユダヤ人もそうでしょう。東京大学史料編纂所教授の本郷和人さんにも語ったのですが（祥伝社新書『日本史のミカタ』）、日本と百済が唐・新羅《しらぎ》と戦った六六三年の白村江の戦いで、日本側からはひとりの裏切り者も出ませんでした。モンゴル軍が押し寄せた元寇《げんこう》の時も、北九州の御家人でモンゴル側に寝返った者はひとりもいなかった。これをどのように考えますか。われわれは日本列島に自閉した民族なのでしょうか。

佐藤　日本は比較的早くに成立した国で、求心力の強い国だからではないですか。

井上　「尊王攘夷《そんのうじょうい》」とは天皇を崇拝し、外国人（夷《えびす》）を排斥せよ、との意味です。よく江戸時代は藩《はん》＝国だったので、隣の藩は外国であると言われます。でも長州《ちょうしゅう》藩の人は、石見《いわみ》（島根）や安芸《あき》（広島）の人を排斥しようと思わないでしょう。この場合の夷はもっぱら白人を指したわけで、中国人でも朝鮮人でもありません。

佐藤　そのような意識があったので、外に出て行くという発想がなかなか生まれなかったのでしょう。

井上　第4章で、中国人は内向きであると述べましたが、このように見てくると、日本人も内向きということになります。

後進国だから、産業革命ができた!?

佐藤　次に、ヨーロッパ発展の第二段階・産業革命について見ていきます。

まず、産業革命がなぜイギリスで始まったのか――。この問いに答えるには、フランスと比べるとわかりやすくなります。一七八九年、フランスでは革命が起きて、貴族および貴族制が廃止され、領主もいなくなりました。この時に増えたのが自作農です。それまで小作《こさく》として働いていた畑を、自分のものにしたわけです。さらに、国家が差し押さえた貴族の財産が払い下げられ、それを買い受けたブルジョワが地主になりました。

いっぽう、イギリスでは同時期に、貴族がエンクロージャー（囲い込み）を行なっています。具体的には、牧羊地確保のため、共有地や耕地から農民を追い出しました。行き場がなくなった農民は都市へと流れました。これが工場労働者になったのです。

井上 イギリスでは毛織物工業が主産業でしたからね。

佐藤 イギリスはフランスよりも遅れていたがために、最先端の工場を作ることができた。いっぽう、フランスは進んでいたがために自作農を生み出し、工場労働者の成《な》り手が不足したわけです。一八一〇年代ぐらいまでに、イギリスは工場中心の国になります。このため、ナポレオンの大陸封鎖令で非常に苦しみますが、封鎖令が解かれると、イギリス製品がヨーロッパ中にどっと流れ込みます。

それを見たフランスも、負けじと産業革命に取り組みます。その時の社会状況が描かれているのが、フランスの文豪ヴィクトル・ユゴーの作品『レ・ミゼラブル』です。ユゴーが活躍した一八五〇年代は、ナポレオン戦争（一七九六〜一八一五年）終結から約四〇年後にあたり、フランスでも産業革命が軌道に乗った時期でした。

井上　そうだとすると、フランスで産業革命が進行したのは、明治維新で大久保利通《おおくぼとしみち》らが取り組んだ殖産興業とそれほどタイムラグがない時期ですね。その意味で、日本はとても遅れた状態から開国に踏み切ったと言いすぎないほうがいいですね。

佐藤　だから、日本はいい時に開国したのです。ヨーロッパが苦労の末に到達した産業や技術をそっくりもらったわけですから。

イギリスは産業革命後に人口は急増、ドイツと同じぐらいの規模になりました。人口に関して言えば、前近代ではフランスとイタリアが突出していたのが、産業革命でその差が埋まったわけです。この人口増は大きな意味を持ちます。国民国家にとって戦争の、つまり兵の主体は国民であるため、人口が大きく物を言うのです。

産業革命による「面の支配」

佐藤　イギリスでは十八世紀後半、動力源としての蒸気機関が発明され、一気に広がります。フランスでも開発されたのですが、いち早く実用化し、蒸気船はもちろん、蒸気機関車や工場に導入したのがイギリスです。その最大の変化は、スピードが圧倒的に速くなったことです。

井上　一八五三年、アメリカ東インド艦隊司令長官マシュー・ペリーは、四隻の艦船で浦《うら》賀《が》沖に来航。日本側は「黒船」に大きな衝撃を受けました。しかし、艦隊は太平洋航路のほとんどを、帆船として帆《ほ》を揚《あ》げて航海しています。蒸気を使用したのは、江戸湾に入ってからなのです。乗組員にとっても、帆船のほうが扱いやすかったでしょう。

佐藤　ペリーは日本への来航を命じられた際、蒸気船の使用を希望しましたが、海軍長官から「日本に行くのに蒸気船などいらない」と言われて、喧嘩《けんか》をしています。ようやく認められたけれども、石炭を無駄にしないという念書を書かされています。

井上　ペリーも見栄《みえ》を張ってたんやな。俺たちには蒸気があるぞっ、てね。

佐藤　ペリーは一八五四年の二度目の来航の時、蒸気機関車のミニチュアを持ってきて、横浜《よこはま》で走らせました。これだけ進んでいるんだぞ、というデモンストレーションです。その約二〇年後に、新橋《しんばし》・横浜間で蒸気機関車が走りました。その後、一気に鉄道と電信が、日本中に知れ渡るのです。

歴史を振り返れば、ローマの時代から、国はバラバラになって滅んできました。中央と地方の連絡に多くの時日《じじつ》がかかるようでは、中央集権国家は維持できません。中央集権にはいくつかの段階があり、最初が人格的な中央集権化、つまりひとりの人間が支配する。しかし、アレクサンドロスですら苦労したように、なかなか維持が難しい。たとえうまくいっても、カリスマが亡くなれば、一気に帝国は崩壊することが多かった。

そこで考えられたのが、制度の統一です。たとえば、裁判所であれば一審、二審と進んで最高審がローマで行なわれるような形で制度を整《ととの》えた。しかし、いくら制度を整えても、末端が勝手なことをして、それを中央が制御できなければ、中央集権になりません。

最終段階が、地理的な中央集権です。つまり、ひとつの国として国民が認識するしくみです。では、いつからこれが達成できるようになったかというと、蒸気機関ができてからです。たとえば、パリとマルセイユは馬を飛ばしても何日もかかりますが、蒸気機関車だと一日で行けるようになった。そうすると、国土としての一体感があっというまにでき、国家が揺るがなくなったのです。

井上　近代国家にとって、蒸気機関による鉄道網は重要です。郵便制度や電信網、同じ新聞・雑誌を全国津々浦々に届けられることも、国の一体化を保つためには必要です。その意味で、国家にとっては筋肉（経済、軍事）だけでなく、神経（情報伝達）も大事なわけやね。

佐藤　国が一体化されると、国外に出て行きやすくなります。しかも、進出した外国でも同じことをすればいい。鉄道を敷き、蒸気機関車を走らせる。それまで、人が少ないから港しか押さえられませんでしたが（点の支配）、少ない人数で全土を支配できるようになったのです（面の支配）。反乱が起きても、すぐに列車で軍隊を送る。鎮圧にかかる時間と手間が省力化されていきます。動力革命によって、支配の様相が激変したわけです。

しかも、同時に産業革命が起きたため、広大な市場と原料の供給地が必要になった。だから、イギリスは、港の支配にとどまっていたインド全土の支配に乗り出したのです。中国に対しても、アヘン戦争（一八四〇～一八四二年）後は軍事力を背景に内陸に入り、租界を作っていきました。アフリカも同様です。フランスの場合は、さらにインドシナですね。

このように、圧倒的な科学技術の力によって、少人数による効率的支配が可能となり、帝国主義が展開されていきました。十六世紀の大航海時代もインパクトがありますが、港しか取れなかった。これに対して、十九世紀の帝国主義の時代になると、世界中を面で塗りつぶしていくようになりました。これはひとつの流れではなく、異なるふたつの段階と考えたほうがいいと思うのです。そして、後半の動きが決定的でした。もうイスラムやユーラシアの勢力では西欧列強に歯が立たない。抗《あらが》いようがなくなったわけです。

井上　ロシアは南満州鉄道を敷設《ふせつ》しました。でも満州では、冬になるとアムール川などが凍結します。川が凍《こお》ると、五頭立ての馬車で巨大なソリを引き、大量の物資を運ぶことができた。鉄道に十分、太刀《たち》打ちできたそうです。しかし、これは例外的なケースであり、インドでは不可能です。

「距離の商売」から「時間の商売」へ

井上　エジプトがプトレマイオス朝の頃か、ローマ帝国の支配下に入っていた頃かは忘れましたが、アレクサンドリアの学者たちはすでに蒸気機関の原理を把握していました。でも、そんな機械を使うより、奴隷を労働力として使用するほうが、ずっと安上がりだったので、作らなかったという話を聞いたことがありますが、どう思われますか。

佐藤 あの時代に電池を作っていましたから、できなくはなかったのでしょうが、実用化しようとまで思わなかったのでしょうね。

井上 奴隷制はやはり、産業化と相容《あいい》れないんやね。私が子どもの頃、鉄道の駅ではおじさんが切符を切っていました。山陰線沿線では、おじさんが踏み切りの上げ下ろしを手動で行なっていました。機械よりも、人件費のほうが安かったからです。ですから、人件費が機械の経費を上回った時に、機械化は進むのでしょう。つまり、科学技術の進化だけではなく、人件費との兼ね合いで産業技術史は考えねばならないのです。

佐藤 イギリス、フランスが海外に出て行った時代に、アメリカでは南北戦争（一八六一〜一八六五年）が起こり、奴隷が使えなくなりました。それまでのように、安価な労働力としての奴隷を使い放題ではなくなったわけです。

だから、大陸横断鉄道を建設する際、中国人労働者を低賃金で大量に雇《やと》っています。この時、まさに労働者を使いながらも、人件費よりも機械のほうが安いという時代に突入した。その後、大量生産・薄利多売《はくりたばい》で世界中に商品を販売して消費させ、自分のところにお金が入ってくるシステムを作るわけです。

井上　遠隔地の珍しい商品を持ってくれば、今でも商売になりますが、その値打ちは交通網の発達によって落ちました。それにともない、遠方から運ぶ「地理的価値」よりも、未来を先取りする「時間的価値」のほうが、高くなった。

つまり、「距離の商売」が難しくなるなか、今までにない新商品を開発する「時間の商売」が主流になったわけです。これによって、商品開発や技術革新がいっそう求められ、激しくなっていくのだと思います。

第6章

明治維新とフランス革命の類似性

なぜ、ルイ十六世は処刑されたのか

井上　日本人は、フランス革命が好きだと思うのです。佐藤さんの『小説フランス革命』（集英社文庫・全一八巻）があれだけのボリュームを持ちながらも、読み継がれているのは、その証拠でしょう。フランスでは、七月一四日の革命記念日を国民の休日にしていますが、日本でもこの日は「パリ祭」の名前で親しまれ、イベントが行なわれます。しかし、日本以外の東アジアで、このような催《もよお》しを聞いたことがありません。

佐藤　やはり明治維新に重なるからでしょうか。私も、フランス革命と明治維新は類似性があると考えています。フランス人のほうは明治維新のことなど、ほとんど知らないでしょうが。

井上　佐藤さんに聞きたいのは、ルイ十六世の処刑についてです。フランス人のなかには、今でも「あれはやりすぎだった」と言う人が少なくありません。でも、そのひどい仕打ちが可能になったのは、国王一家がオーストリアへの逃亡を企《くわだ》てたことで（ヴァレンヌ事件）、国民が「王は裏切ろうとしている」と思ったからではないか。そうでなければ、さすがに王の処刑にまでは行かなかったように思います。

佐藤　ルイ十六世を処刑したのは議会ですが、その議会も当初は処刑どころか、事件の揉《も》み消しに走りました。王は逃亡したのでなく誘拐《ゆうかい》された、その被害者なんだという話をでっち上げようとしたのですが、議会の左派、つまり過激派の人たちがやっぱり違うだろうと問題を蒸《む》し返して、王を裁判にかけたのです。その裁判では、賛成と反対が僅差《きんさ》で死刑が決まりました。次に、執行猶予の有無を決める際にも、やはり僅差で執行猶予なしが決まっていますから、議会としてもギリギリの判断だったのです。

ルイ十六世の処刑には、国民の「王に裏切られた」という強烈な思いに加えて、フランス革命の特殊性があるように思います。自由・平等を掲げた「人権宣言」を出して、憲法を作った。原理原則を掲げてしまうと、どうしても現実との間に齟齬《そご》が生まれてしまいます。民主主義を擁する近代社会は、多くは伝統的な王権とうまく妥協してつくられていきましたが、フランス革命は頭でっかちな革命だったので、その矛盾《むじゅん》がルイ十六世の逃亡事件をきっかけに顕在化したわけです。

井上　ルイ十六世はフランス軍の敗北を望んだでしょう。可能ならば、オーストリア軍がフランスに入ってきて、革命を起こした指導者たちなんか蹴散《けち》らしてほしいと思ったでしょう。そして、その思いはバレていた。それなのに、処刑の判断はギリギリで可決された。やはり王の処刑には、ためらったんでしょうね。相当踏み込んだ決定だった。

その理由は原理原則を立ててしまったからだと、佐藤さんはおっしゃる。そもそも、革命はそういうものだったという説明ですよね。私は、戦争中という状況論も考えます。議会も対外戦争がなければ、頭でっかちにならなかったかもしれない。戦時体制は、人間をヒステリックにします。特に、革命政府が起こす戦争は、王が傭兵を使ってするそれじゃあありません。徴兵された国民が戦います。王の裏切りを許せないという思いは原理原則以上に強かったのではないか。

佐藤　それもあるとは思います。外国が「王に手を出したら攻めるぞ」という脅《おど》しを散々かけたわけですが、フランス国民の間に「できるものなら、やってみろ」という反発心が湧き起こり、一種のヒステリーのようになっていった。その矢先に、ルイ十六世が逃げたわけですから、裏切られたという思いは強烈だったでしょう。ただ、それでもなお、王を救いたいという気持ちで動く人が少なくなかったのはすごいことだと思います。

井上　立憲君主制という選択肢があるなかで、王の処刑まで突き進んだのはフライングと感じるいっぽうで、しかたがなかったという気もします。国境なんか超えた血のつながりを保っているんですよね、王たちは。国民とともにあろうという意欲は、そもそも持ちにくい人たちだったのではないか。ルイ十六世は、少なくともルイ十五世に比べれば、国民のことを思っていたと思いますが。

佐藤　外見から違っていたようですからね。ルイ十六世は血筋から見れば、フランス人よりもドイツ人だったようです。身長も一七八センチぐらいあったと言います。

求心力と遠心力

井上　日本では幕末、倒幕へと向かう時に、朝廷という古めかしい権威が引っ張り出されます。フランスでも絶対王政以降、休止されていた三部会（聖職者・貴族・平民それぞれの代表からなる身分制議会）が、革命前夜に再開されます。これらに、中世の遺物を持ち出すようなうしろ向きの姿勢を感じるのです。この点を見るかぎり、日本とフランスで同じようなことが起きていたと思うのですが、佐藤さんはどう考えますか。

佐藤　両者は、「求心力」という意味で重ねられると思いますが、いっぽうで「遠心力」も無視できません。つまり、日本もヨーロッパも、封建制を経験しているわけです。

国は存在しているけれども、諸勢力が群雄割拠し、かろうじて封建制でつながっている。日本では鎌倉時代頃から、ヨーロッパでもフランク王国が衰退した頃から、同様の状態です。だから、求心力によって国をひとつにまとめようという勢力は、封建制を打倒して骨抜きにしようと革命に至るわけです。

フランスで三部会の開催を求めたのは貴族たちであり、遠心力の勢力でした。王が貴族たちに税金をかけると言い出したのに対して、貴族たちはそれを阻止するために、自分たちが拠《よ》りどころにできる昔のしくみを引っ張り出してきた。それが三部会です。そして、それを平民たちが利用した。貴族は自分たちの言い分を通そうと思っただけなのに、意図しない展開になり、一気に革命に至ったというのが、真相のような気がします。

井上　私はその点においても、明治維新とフランス革命は似ていると思います。開国および条約締結を迫るアメリカに対し、幕府は時間稼ぎのために朝廷を引っ張り出したのです。幕閣たちに、下級武士たちを盛り上がらせようとする意図はなかったでしょう。でも、朝廷の登場は、有能な下級武士の心に火をつけました。「藩の重役たちは家柄がいいだけで、ただのボンクラや。俺たちのほうが能力は上や」と、彼らは思っていた。そんな彼らに、重役および藩主をすっ飛ばして、天皇と直接つながる可能性を垣間《かいま》見せたんですね。幕府が引っ張りだした朝廷は。

「坂東《ばんどう》（関東）武士は主《あるじ》あるを知って、主に主あるを知らず」という言葉があるように、武士は自分の上司のために働き、その上司を差配する上司のために働くわけではありません。それが封建制の秩序です。武士が上司の上司、あるいはその上司のことを考えるようになった時、つまり、尊王論に見覚めた下級武士たちが天皇を意識し、動き始めた時点で封建理念は崩壊へ向かうのです。

フランス革命では、上昇志向を持ちながらも十八世紀末の段階だと必ずしも上昇しきれなかったプチ知識人たちの上昇意欲が、三部会という古臭いしくみを土台に高まり、彼らが伸《の》し上がっていくことにつながりました。このカラクリと尊王論のカラクリも、よく似ている気がするのです。

佐藤　だから、日本人はフランス革命にスッと入っていけるのでしょう。両国人には感覚的に似通っているところがあると思います。結局、それまでの遠心力——バラバラになろうとする力——をここで一気に制してしまおうという動きが似ていると思うのです。

井上　違うところがあるとすれば、日本史には人権宣言のようなものが出てこないことです。「五箇条の御誓文」に「公儀世論《こうぎよろん》の尊重」はありますが、それほど高邁《こうまい》な条文ではない。

明治維新を低く見積もる人たちは、よく言います。「倒幕を主導したのは有力藩であり、言ってみれば武家貴族である」、と。人民やブルジョワの革命ではないというわけです。ですが、フランス革命においても、引き金を引いたのは高等法院の貴族たちでした。フランス革命初期のリーダーであるオノーレ・ミラボーやラ・ファイエットは貴族です。ここもよく似ていると思います。

武器よさらば

佐藤　明治維新の大事業として「廃藩置県《はいはんちけん》」があります。これは率直に言えば、過去の清算です。それまで中央政府が思い通りにできなかった藩を、倒幕の〝功労者〟である薩摩藩や長州《ちようしゆう》藩なども含めて、一気に整理した。これによって、封建制は完全に終焉《しゆうえん》。中央集権国家の礎《いしずえ》ができました。

フランス革命でも、州が全廃されて県ができます。それまで、州は王の統治下にありましたが、実際には地元の貴族たちが牛耳っていました。州によっては三部会を持っているところもあり、王が好き勝手にしていたわけではありません。「絶対王政」と言っても、とても弱い体制でしかなかったのです。それを革命の時に、人口が均等になるように機械的に区割りして、県をつくったわけです。

ブルゴーニュと言えばワインで有名ですが、フランスでは現在、ブルゴーニュという州も県もありません。革命当時は、そもそもブルグント王がいて、そのあとブルゴーニュ公がいた土地を「ブルゴーニュ州」と呼んでいました。そして、ブルゴーニュ州が存在した時期にワインが名産だったので、今でも「ブルゴーニュ・ワイン」と呼んでいるわけです。

井上　メートル法の採用は、もうすこしあとですか。

佐藤　いや、まさにこの時です。フランス革命後の一七九〇年、議会で統一単位として決議されています。日本でも一八七五年、度量衡《どりょうこう》の統一が図られています。

フランスでは革命後、中央政府がトップダウンで県知事を任命して、赴任させる体制にしていますが、日本でも一八七三年に内務省が創設されると、以後は中央の意思を反映する知事を配していきました。さらに、それまでの身分制度（士農工商）が廃され、「四民《しみん》平等」が謳《うた》われましたが、フランスでは貴族をなくしています。

この貴族制を廃止する際に出てくるのが、剣の問題です。中央政府にとって、政府が認めた治安と国防の組織、つまり警察と軍隊だけが武器を持ち、人民は丸腰というのが、もっとも治めやすい状態です。

日本の戦国時代、武士だけでなく農民や僧侶も武装していました。そもそも、武士と農民は明確に分けられてはいませんでした。豊臣秀吉は天下を取ると「刀狩《かたなが》り」を行ない、農民は刀を持たなくなりましたが、武士に対してはできませんでした。その状態は江戸時代も続きます。武士は刀を持ち、農民や町民から無礼を受けた時に斬殺しても処罰されない「切捨御免《きりすてごめん》」や、親族を殺された時に復讐を行なう「仇討《あだう》ち」が許されていました。それを明治政府が、廃刀令でやっとやめさせたわけです。

これはフランスでも同じで、中世の騎士の時代、封建貴族たちは好き勝手をしていました。「遍歴の騎士」と言い、あちこちを回って悪い奴を懲《こ》らしめたと言いますが、法律も裁判もなく、「おまえは悪い奴だ」と斬り捨てたこともあったわけです。絶対王政の時代には、そのような一方的な正義を執行させないよう、王の力で抑えたのですが、自分が正しいことを証明するために、決闘が頻繁に行なわれました。

井上 江戸幕府も武士から刀を取り上げることはできませんでしたが、「赤穂《あこう》事件（赤穂浪士による吉良義央《きらよしなか》の殺害）」以降、刃傷沙汰《にんじょうざた》はだんだん少なくなり、武士も飼いならされていきました。
吉原《よしわら》へ遊郭を設ける時、遊郭の経営者は幕府に言うんですね。「お侍さんがウチへ上がる時には、刀をはずしてもらいます。たいていのお武家様はそういうことをいやがるでしょう。だから、ここへは来られますまい。吉原が武士の名誉を汚《けが》すことはありません」。そう上申したのですが、大勢の武士が玄関で刀を置いて、廓《くるわ》に上がりました。もちろん仇討ちは残っており、血生臭《ちなまぐさ》い話題がないわけではないけれども、戦国気質は時代が下がるにつれて、次第に衰《おとろ》えていったと思います。

佐藤　そうですね。徐々に変わっていき、その息の根を止めたのが日本の明治維新であり、フランス革命ということになりますね。

強烈な「日本」意識

井上　イギリスでは王家の血筋を保つため、英語が話せない、ドイツ生まれ・ドイツ育ちのジョージ一世をイギリス王に迎え入れました。また、プロイセンのフリードリヒ大王（フリードリヒ二世）はドイツ語ができたはずなのに、ほとんどフランス語しかしゃべらなかったそうです。これらに対して、貴族や人民は不満に思わなかったのでしょうか。

佐藤　そこが不思議なところですが、意外に受け入れるのです。

井上　フランス革命の時、ルイ十六世は外国の軍勢をフランスに引き入れて、何とか苦境を脱しようと考えた。でも、幕末の動乱期に、孝明《こうめい》天皇は外国人を毛嫌いし続けます。官軍に追い詰められた徳川慶喜《よしのぶ》でさえ、「この際、朝鮮に逃げよう」とか「ナポレオン三世に頼んで亡命しよう」とは思わなかった。ここが大きな違いだと思うのです。

佐藤　日本とヨーロッパでは、国境の感覚が違うのでしょう。ヨーロッパでは、キリスト教が広がっている領域こそが、自分たちの生存圏と考える。いっぽう、日本は四方を海に囲まれた枠組みがあり、それが強烈な「日本」意識となっているように思います。

井上　仏教が広がっている領域へ逃げようと、日本人は思わなかった。明が清に滅ぼされた時、明の高官や文人たちは海を越えて日本に逃げてきました。当時の知識人＝武士階級はそれを知っていた。でも、自分たちは救いを求めて清に渡ろうと思わない。

佐藤　そう考えると、つくづく日本には強烈な「日本」意識があるなあと思います。

ヨーロッパの王たちの意識の底には、自分たちは先祖代々続く王家の血筋を引いているという意識がありました。だから、封建制の時代には、国内の貴族たちは外国の貴族とも婚姻しましたが、王は国内を抑えるため、国内の有力貴族から王妃をもらうことが多かった。ところが、フランス革命の頃になると、自分がリーダーシップを取って国をひとつにまとめていこう、中央集権国家をつくろうと思うがゆえに、国際的にならざるをえない状況になりました。外交の都合で、外国から王妃をもらうことが多くなり、外国の王家が親戚になるという矛盾を抱えたのです。

井上　そういうことでしたか。のちの国民国家に至る、その先駆けめいた部分は、逆説的ですが、むしろ初期の王権にあったわけですね。

佐藤　国内が治まってきたので、王たちが国をまとめよう、国民と一体になろうと努めた結果、ヨーロッパ全部の王家がみな親戚という状況が生まれたわけです。

日本とフランスは似ている

佐藤　明治維新とフランス革命の類似性が高いだけでなく、そもそも日本とフランスは基本的に似ているように思います。だから、さまざまな事件を自国の歴史に引き寄せて考えやすい。たとえば、「貴族制を倒せ」「王政を倒せ」と叫んだフランス革命を、日本人は割とスッと受け止められる。なぜなら、自分たちが幕府を倒したことがあるし、四民平等を掲げたこともあるからです。

しかし、中国人、韓国人、あるいはアメリカ人にしても、すぐには受け止められないのではないか。フランスはそれまでこのような社会であって、そのなかで不満が溜《た》まり、このような動きになった――と順を追って説明しないと理解しないでしょう。しかし、日本人は説明なしで感覚的に受け入れられる。それだけ、歴史が似ているからです。

井上　私が知っているおばさんは、マリー・アントワネットに自分をなぞらえたがる。つまり、王党派のロマンに思いを寄せているわけやね。池田理代子《いけだりよこ》さんのコミック『ベルサイユのばら』がベストセラーになったのは一九七〇年代のことでした。そして、これはその後もロングランし続けます。革命に共感するだけじゃあない。革命で滅ぼされる側へ気持ちを寄せる日本人も、大勢いるのです。日本人の心象風景にかなう何かがあるのでしょう。実際、『ベルばら』みたいなドラマをこしらえる国って、日本以外にあるのかな。

佐藤　やはり、日本には国の一体感が古くからあったと思います。世界史的に見ても、日本という国ができたのは早いし、「日本」意識はその後も崩れずに、現代まで続いています。ヨーロッパの場合は二段階あって、最初は「クリスチャンダム（キリスト教世界）」によってまとめようとした。

井上　教会や修道院が、事実上の行政機構だったという話ですね。

佐藤　はい。しかし、キリスト教世界でまとめるのには失敗しました。それで、次の段階として、国家でまとめようとして、各国の王がリーダーシップを取るようになります。日本でも朝廷がその役割をはたし、途中から幕府がリーダーシップを取るようになりました。国をまとめるには、やはり求心力が不可欠なのです。

井上　一八三二年に、ギリシアはオスマン帝国から独立しますが、国王になったのは、バイエルン王国を治めていたヴィッテルスバッハ家の王子でした。ドイツのプリンスですよ。国をまとめる求心力として国王が必要なのはわかります。だけど、民族も言語も違うのに、いきなり「今日から俺が王様だ」と言われて、混乱を招かないのでしょうか。

佐藤　ヨーロッパの王家の人たちはよく、自分たちはギリシア神話の英雄アトラスやヘラクレスなどの子孫であると言います。だから、土地を支配する資格がある、と。ただ、このルーツは古くなればなるほどあやしい。というより、ほとんど嘘です。

井上　ということは、根っこを辿《たど》れば、フランス、ドイツ、イタリアという国境などない。ヨーロッパというつながりがあるだけだということでしょうか。

佐藤　もともとはそうでした。しかし、各国で王家が求心力を担い、国というものをまとめてきた歴史があるのも事実です。中国には、天命《てんめい》を受けた天子（皇帝）が悪政を行なえば、別の天子が皇帝となって新しい王朝をつくるという考え（易姓革命《えきせいかくめい》）がありますが、ヨーロッパにはこの発想はありません。

インググランドとの百年戦争（一三三九〜一四五三年）で劣勢だったフランス軍を救い、フランスの国民的英雄となったジャンヌ・ダルクは王家出身ではありませんが、時代を切り開くヒロインになりました。しかし、これは例外です。王家や名家の出身で、伝統を継承している人物が神からの命《めい》を受けて、国をつくっていくという発想が、どこかにあります。

フランス国王は征夷大将軍《せいいたいしょうぐん》⁉

佐藤　日本では、国の求心力はずっと揺るぎなく存在していました。その真偽はともかく、天照大神《あまてらすおおみかみ》の末裔である天皇家が、権威の源《みなもと》であり続けてきたわけです。

井上　孝明天皇による岩清水八幡宮《いわしみず》への参詣《さんけい》が特筆されるほど、江戸時代の天皇はほとんど御所《ごしょ》から外へ出ませんでした。ですから、ヨーロッパの君主風に人民の前で手を振るようなことはなく、御簾《みす》のむこう側にいて、その存在を隠すことで威厳を保っていたように思います。

佐藤　ヨーロッパでたとえるなら、王よりも教皇のような宗教的権威・精神的存在に近かったように思います。しかし、時代によっては王でもありました。

　ヨーロッパでは教皇と王が共同で統治した時期もあるし、分離してそれぞれで統治した時期もありましたが、日本も朝廷がすべてを担った時期もあり、朝廷と幕府が分業していた時期もありました。

井上　今のお話だと、フランス国王は日本の征夷大将軍でもあるかのように聞こえます。

佐藤　征夷大将軍的な存在だと思います。ヨーロッパの王家は意外に地味で、ひとつひとつの土地を地道に領有することから始めています。たとえば、○○は王家の土地、□□は王が与えた土地というように、土地台帳をしっかりつけています。現在、ロンドン中心部は王室所有地の他、約四人の地主が領有していますが、その由来や変遷もすべてわかっています。

　このように、十二・十三世紀ぐらいから土地の領有を始め、十六世紀末から十七世紀にかけて、国全体に網《あみ》をかけるような支配ができるようになりました。その後、ヴェルサイユ宮殿など象徴的建築物を造り、中央集権化に取り組むのです。逆に言うと、ヨーロッパの王権はそれほど強いものではなかったということです。

井上　あらかじめ神話や伝説を持っている点では、天皇家のほうに大きなアドバンテージがあるわけですね。

佐藤　イギリスでは七五パーセントの国民が、君主制および王室存続を支持していますが（二〇〇七年の世論調査）、一般論で言えば、王家があって君主がいることは国が安定しやすいということはあるでしょう。日本に関して言えば、天皇家は現存する世界最長の王家であり、これだけ長く続いたものがなくなるということは私には考えられません。

第7章 システムとしての帝国主義

帝国主義と民族主義

佐藤　十八世紀後半、イギリスで産業革命が始まりました。そして、イギリスは各国と貿易すると、最後には富《とみ》が自国に戻ってくるしくみを作ります。この帝国主義国家イギリスが始めたのが資本主義であり、フランスもそのあとを追いかけていきます。

井上　同じ帝国でも、オスマン帝国や漢帝国など、資本が資本を呼ぶ構図に目覚めていない段階で、巨大な勢力を維持した国があります。これらの帝国は、国内に多民族を抱え、ひとつの宗教にまとまることを強要しませんでした。アレクサンドロス大王も、ペルシア人たちのゾロアスター教を否定していません。帝国の維持に役立つなら、むしろ現地人に歩み寄ろうとするぐらいの寛容さがあった。いっぽう、フランス革命以後、西欧列強（以下、列強）は、自由・平等・博愛など思想信条を押しつけるようになっていきます。

佐藤　その傾向は、イギリスよりもフランスのほうが強かったと思います。フランスは、自分たちには文明を世界に広める義務があるという意識が強く、アジア、アフリカなどに乗り込んでいきました。しかし、それは建前《たてまえ》で、内実《ないじつ》は自分たちが儲けるためでした。

井上　私は、自由・平等・博愛はいい理念だと思っています。押しつけられても不快感はありません。ということは、私も近代人で、近代的な価値観に洗脳されているのだなと思います。アレクサンドロスの頃と違い、近代の帝国主義段階になると、人々はナショナリズムや民族主義に目覚めます。異なる文化を持った人たちとの共存共栄がだんだん難しくなってきました。そして、それまでは考えられなかった、民族主義ゆえの戦争が起こるのです。

佐藤　帝国主義が崩壊した最たる理由は、そこだと思うのです。フランスの例で言えば、もっとも揉《も》めたのが最初の植民地・アルジェリアです。地中海を隔《へだ》ててフランスの対岸にあり、フランスにとって特別かつ絶対不可分な植民地となりました。

アルジェリアはかつて、各部族がそれぞれに支配し、国という意識もそれほど強くありませんでした。それがオスマン帝国の支配下に入り、一八三〇年からはフランスが支配します。当初はフランスがいろいろ言ってきても、「まあいいか」ぐらいの感じでしたが、ナショナリズムに目覚めるともう許せないわけです。

井上　ハプスブルク家が統治したオーストリア・ハンガリー帝国の例で言えば、同帝国がしっかりしていれば、クロアチア人とセルビア人の諍《いさか》いなど起こらなかったように思います。もちろんセルビア人がセルビア人意識に目覚めることを悪いとは言えない。しかし、帝国の衰退とともに民族意識が高まり、各地で紛争が頻発しました。もしかすると、ハンガリーとの二重帝国を余儀なくされたオーストリアは、クロアチア人の民族意識をくすぐることで、オスマン帝国への防衛線にしようと考えたのかもしれない。また、第一次世界大戦の時には、イギリスがアラブ人の民族意識を焚《た》きつけて、対トルコ戦争を有利に運ぼうとしています。つまり、国民国家が民族意識を目覚めさせるという常識的な図式とは異なり、他国から焚きつけられて起こる民族主義もあるのではないか。

佐藤 オーストリアの場合は、オスマン帝国よりもロシアへの対抗でしょう。ロシアがセルビアを取り込むことを阻止しようとしたのです。ロシアは同じスラブ人だという意識を煽《あお》り、同じ正教徒だという宗教意識を煽った。平和に暮らしていたのに、双方から介入された結果、クロアチア人、セルビア人の民族意識がそれぞれ高揚していったのです。

井上 民族意識をヒートアップさせない世界のほうが、私は幸福なように思います。そのヒントが帝国にあるとは思いたくないけれども、帝国が健全な時は民族意識もあまり湧き起こらないですね。実際、オスマン帝国はイスラム教を強制することなく、領内諸民族の宗教を容認しており、キリスト教徒もユダヤ教徒もいました。

佐藤 「民族自決」という原則は麗《うるわ》しいことで、近代世界はそれを尊重してきましたが、負《ふ》の側面もあります。たとえば、ひとつの民族が強力になると、周辺の少数民族を潰そうとする例が少なくありません。

井上　民族主義によって、潰される民族もあるわけやね。民族主義に目覚めない時は、共存していけたのになあ。つまり、民族主義に目覚めるのが近代化であるけれども、不幸になる部分もある。

佐藤　そこが難しいですね。その解決策はまだ見つかっていません。

植民地の評価

佐藤　植民地の評価については、発言者の立場で大きく異なりますが、フランスは「自分たちは文明を持って行った」と言います。たとえば、アルジェリアに対しては「俺たちは民主主義を教えたし、法治国家のあり方も教えた。さらに、鉄道、港湾、工場、学校を作って近代化した」と。言わば、植民地肯定論です。

エジプトにおけるスエズ運河の建設についても、自分たちが利権を握りたいだけなのですが、「技術を持っている文明国フランスがスエズ運河を造り、世界を変えるのだ」のような理屈を述べます。

井上　押し込み強盗が「でも、あなたの家には土産《みやげ》も置いていった」と、開き直っているようなもんやね。

佐藤　植民地の側からすれば、独善的としか言いようがない。しかし、列強はそのような理屈で世界に乗り込み、植民地化を進めていきました。これをどう評価するか。

たとえば、イギリスが植民地にしたエジプトについて言えば、十九世紀はじめはオスマン帝国の支配下にありました。そこでは、中世以来のマムルーク軍団（奴隷兵士）が既得権を得ており、国内はバラバラで、権力はブドウの房《ふさ》状態でした。

井上　エジプトは、日本の明治維新に五〇年ほど先駆けて、近代化を始めていますね。オスマン帝国から総督に指名されたエジプト人のムハンマド・アリーは、学校教育を充実させて労働者の知識を高め、産業を興《おこ》し働く場を作りました。

佐藤　ムハンマド・アリーは、自らの地位（総督）を世襲することをオスマン帝国に認めさせます。次に、自分をエジプトの王にしてくれと要求した。オスマン帝国は当然、反対しますから、そこでイギリスを頼ってしまった。ムハンマド・アリーらエジプト側にすれば、イギリスやフランスに〝おいしい思い〟をさせるのだから、その見返りとして鉄道や港湾の建設、学校の整備などは当然だ、となります。これが見込み違いで、ただでやるつもりがないイギリスに、保護国つまりは植民地にされてしまいます。

一九二二年に独立を回復しましたが、この甘えの意識は根強いんですね。旧植民地の国々には現在でも「民族自決」「国家の独立」を主張するいっぽう、困ったことがあると旧宗主国に泣きつくようなところがあります。旧宗主国なのだから助けてもらってあたりまえ、という意識は払拭《ふっしょく》されていないように思います。

井上　インドの場合、イギリスがインドで綿花栽培に乗り出したため、インドの農業従事者は綿花ばかりを作らされるようになりました。ブラジルにしても、もっと多様な農業がありえたのに、ポルトガルの都合でコーヒーやサトウキビばかり作らされたという側面はあったかもしれない。

佐藤　「プランテーション（植民地で安い労働力を使って、特定の農産物を大量に栽培する）」は、宗主国の都合で展開されました。その弊害は今も続いています。列強は、植民地の近代化を助けたと言うかもしれないけれども、実際は自分たちのエゴを押しつけて、植民地の近代化の可能性を奪った面もあります。

王侯貴族が統治する利点

佐藤　王や貴族は近代以降も残りましたが、その〝利点〟は、彼らが人を人とも思わないゆえに、政治判断に迷いがないことです。庶民から成り上がった人は、トップとして決断を迫られた時、どうしても自分と同じ境涯の人への同情を捨てきれません。たとえば、フランスのロベスピエールなどがそうです。彼は革命で成り上がったリーダーで、兵隊たちは同胞ですから、非情になりきれませんでした。

いっぽう、イギリスの大臣たちは代々の貴族で、兵隊など虫けらとしか思っていないから、バサバサ切れる。犠牲を厭《いと》いません。この延長で考えれば、王や貴族がまだ残っていたイギリスだからこそ、帝国主義運営を冷酷・非情に遂行できたように思います。イギリスでは現在も、元貴族でパブリックスクール（特権的私立学校）出身者が、政治・経済の実権を握っています。第二次世界大戦時の首相ウィンストン・チャーチルも、公爵家の出身です。

井上　そんなエリートが、アラブの独立とイスラエルの建国を両方に約束したりするんですよね。選ばれた人たちのくせに小狡《こずる》いなあ（笑）。

佐藤　いや、その無責任さがやはり王侯貴族なのだと思うのです。

井上　日本史で言うたら、後白河上皇《ごしらかわじょうこう》やね。源頼朝《みなもとのよりとも》と木曽義仲《きそよしなか》と源義経に対し、二枚舌の甘言《かんげん》を弄《ろう》して、手玉に取ろうとした。

佐藤　フランスのルイ十八世（ルイ十六世の弟）は革命で痛い目に遭《あ》ったあと、王政復古となった時、自分を王にするために奔走したジョゼフ・フーシェに対して「大事にする」という約束を反故《ほご》にして追放してしまいました。この無責任さについては、当時も問題になったようです。その薄情《はくじょう》さというか、人が傷つくことに対する無頓着《むとんちゃく》は、王家の人たち、特権身分の成せる業《わざ》である気がします。

コストから見た帝国主義

井上　イギリスはアヘンの利益で、帝国を維持したりもしました。しかし、個人的には儲けた人たちもいたでしょうが、航路のメンテナンスや軍の駐屯費、鉄道の維持費などを全部計算に入れると、国としてイギリスは儲かったんでしょうか。大日本帝国の場合、イギリスほど植民地経営はうまくなかったこともあって維持経費がかかり、戦後に帝国をやめてからのほうが、利ざやは広がったように思うのです。

佐藤　イギリスは帝国主義によって、国としても莫大な富《とみ》を得ました。そのぶん、植民地に投下された資本もけっして少なくありませんでした。いっぽう、アメリカは帝国をつくるようなことはせず、植民地もフィリピン、ハワイくらいであまりつくりませんでした。その代わりに、各地に基地を置き、軍事的に押さえられるようにしました。基地を作るだけなら、国全体を支配するよりもはるかにコストは低く、この方針は現在も続いています。

井上　しかも、基地経費の相当部分を、その国に押しつけていますね。

佐藤　現在の世界はドルが基軸通貨ですから、ドルを回していくうちに最後は自分のところに富が還流する体制をアメリカは作っている。ＥＵのユーロや中国の元《げん》も侮《あなど》れませんが、ドルが基軸通貨である以上、ドルを世界中に流布《るふ》させていれば儲かります。イギリスのように植民地をつくり、多大なコストを払って維持する必要はないわけです。

井上　イギリスは植民地維持のため、アメリカ南部のルイジアナでフランスと戦争をしたり、東南アジアでオランダと小競《こぜ》り合いをしています。帝国主義および植民地経営を行なうのが、イギリス一国ならいいでしょう。でも、競合相手がいると、相当しんどくないですか。

佐藤　フランスやオランダと競合せず、植民地も静穏だった時代にはコストが低かった。しかし、列強同士で戦争になったり、植民地で反乱が起きたりすると高くつく。こんなことをしているのはバカらしいと思うわけです。実は、イギリスとフランスが争わなくなったのも、これが原因です。おたがいに戦争をしていたら、コストがかかってしかたがない。ロシアだけは下りてこさせないようにしようと、協調するようになったのです。

井上　日本の幕末史でも、英仏の諍《いさか》いはありました。でもフランスが幕府側につき、イギリスが薩摩側について、英仏が戦う可能性はなかったと思います。よく、そうなるかもしれなかったと言われますが、どうですか。

佐藤　フランスによる幕府への援助がイギリス議会で問題になった時、フランス当局者はイギリス議会で「イギリスの国益を阻害する意図はありません」と説明しています。日本に駐在しているイギリス公使、フランス公使は点数稼ぎのために、相手を出し抜くようなことをしますが、対立して戦争をするかと言ったら、英仏に関してはありえなかったでしょう。ありうるとすれば、英仏対ロシアの戦争です。英仏ともに、ロシアに対しては相当に神経を使っていましたから。

井上　ただ、英仏のドンパチはありえないにしても、「武器商人たちをこの際、儲けさせよう」くらいはあったかもしれませんね。

佐藤　それは、あったでしょうね。ちょうどアメリカで南北戦争が終わったあとで、余った武器をどこで売却すればいいか思案していたでしょうから。

ビスマルクの深謀遠慮

井上　十九世紀後半、プロイセン王国の首相およびドイツ帝国の初代宰相を務めたオットー・フォン・ビスマルクはロシア、オーストリア、フランス、イギリスとの間に条約を結びます。まるでクモの巣のように外交ネットワークを張り巡らせ、国の利益をすこしずつふくらませるように持っていきました。フランスとロシアが手を結べば、ドイツは挟《はさ》み撃ちになりますから、そうならないように配慮する。かといって離反もさせず、粘《ねば》り強い外交を展開しました。キツネとタヌキの知恵比べに心を砕《くだ》いた宰相です。

そんなビスマルクを、皇帝ヴィルヘルム二世は辞職に追い込むのです。ヴィルヘルム二世は、ビスマルクによるデリケートな外交戦略が理解できず、自分の好きなようにやろうとした。その結果、英仏露三国協商によるドイツの包囲という事態を招きました。

佐藤　ドイツは当時、急速に工業化を遂げ、生産した商品の販売先を求めていました。そして、ヴィルヘルム二世は3B政策（頭文字がいずれもBであるベルリン、ビザンティウム、バグダードを鉄道で結ぶ政策）を進めます。ということは、ドイツや日本が帝国主義に乗り出した頃は、まだ帝国主義があまり問題視されていなかったことになります。

井上　贔屓《ひいき》のしすぎかもしれませんが、ビスマルクには、政治のセンスもあったと思います。工業生産でフランスを抜き去り、イギリスを抜きつつあるドイツが、英仏にどのような目で見られているかは、わきまえていた。そのうえで、英仏の敵愾心《てきがいしん》を刺激させずに何とか折りあいをつけていこうとする。「鉄血宰相」などと言われますが、力の信奉者という側面だけでなく、近所づきあいの現実も見据えられる柔軟な思考の持ち主でもあったと思います。

人間は調子がいい時ほど、周りに気を配らんとあかん。「最近、あの家は儲かってきたな」と言われた時こそ、摩擦《まさつ》や軋轢《あつれき》を生じさせないような周囲への気遣《きづか》いが求められます。でも、皇帝はそれを捨ててしまった。日本でも、初代首相の伊藤博文《いとうひろぶみ》あたりまでは、そのような配慮を感じますが、その後、大日本帝国は夜郎自大《やろうじだい》になっていきました。その意味でも、日本は帝国主義のビギナーであり、キツネやタヌキにはなりきれなかったわけです。

佐藤 安易に、世界の潮流に乗ってしまった。しかも、潮目《しおめ》が変わっても、それを読む努力を怠《おこた》った。たとえば、一九一五年に中国に対して「二十一カ条の要求」を突きつけましたが、懐柔《かいじゅう》してうまく取り込んでいく方法もあったと思います。そのあたりは、やはり下手だったと言えるでしょうね。

未熟なアメリカ外交

井上 アメリカは十九世紀初頭より、「モンロー主義」を採るようになります。第五代大統領のジェームズ・モンローは一八二三年の年次教書で自らの施政方針を発表しました。①アメリカ大陸をヨーロッパ諸国の植民地にしない、②アメリカはヨーロッパの政治に介入しない、③ヨーロッパはアメリカの内政に干渉しない、の三点を掲げたのです。このいわゆるモンロー主義は「孤立主義」とも言われました。これ以後、アメリカは国際関係へ積極的にはかかわろうとしなくなります。

しかし、豊かな中国市場には乗り出したい。でも、英仏に先手を取られている。そこで、何とかしようと打った手立てが、ハワイと日本をアメリカ・中国航路の経由地にすることでした。これなら、イギリス・中国間の航路より、船賃も安くなる。だから、日本には何としても、国を開いてもらわないといけない。アメリカがあれだけ熱心に開国を迫ったのは、アメリカ・ファーストめいた商売上の都合だったのです。ところが、一八六一年に南北戦争が始まり、それどころではなくなってしまった。

佐藤　ペリーが日本に来航した頃のアメリカは、大国ではありませんでした。南北戦争前ということは、国として中央集権化されていない状態だったわけです。これから鉄道を敷いて、国の基盤を固める時期でした。南北戦争は言うならば、鉄道戦争です。北軍が鉄道を敷き、電信を引いたのに対し、南軍は後手に回った。戦闘では、南軍の将軍のほうが優秀でしたが、物量の移動に成功した北軍が勝利したわけです。

アメリカはイギリスやフランス同様に、鉄道で国をまとめるというパターンで、連邦政府が中央政府としての機構を整えていきました。それまでは州政府がメインであって、連邦は各州にゆるやかに網をかけるものにすぎませんでした。しかし、鉄道ができたことによって連邦政府がリーダーシップを取り、アメリカという国ができたのです。そして、国内で工業化を進めていくことになった。

では、作った製品をどこに売るのか。そこには中国という選択もありましたが、もっと近くに南米という巨大な市場があったので、通商協定を結んでアメリカの裏庭のようにしていきました。政治的な植民地ではないけれども、経済的な植民地としたわけです。

井上 アメリカ外交はしばらくの間、イギリスのような小狡《こずる》さを持たなかったような気がします。外交官を育てるには、やはり年月がかかりますね。

佐藤 ペリーの来航で述べておきたいのが、ペリーが軍人（海軍准将）だったことです。列強では外交交渉の場合、外交官が来るのが常であり、軍人だけが来ることはありません。これはアメリカで外務を担当する国務省が弱かったからです。当時、国務省は五〇人ぐらいしか職員がおらず、日本に外交官を派遣する余裕はありませんでした。

井上 そのペリーが結んだのが「日米和親条約」です。正式名称は「Convention of Peace and Amity between the United States of America and the Empire of Japan（アメリカ合衆国と日本帝国間の平和および修好の条約）」。平和で仲良くしましょうということやね。まるで、ジョン・レノンの歌詞みたいや。

佐藤 イギリスの外交官であれば、このような甘い条約を結んだりしません。アメリカのような未熟な国だったから、このレベルですんだのです。

世界史から見た日露戦争

井上 日露戦争（一九〇四〜一九〇五年）には、イギリスがしかけたという気配もただよいます。イギリスは十九世紀末から二十世紀初頭にかけて、金が産出した南アフリカの支配をめぐり、オランダ系白人と南アフリカ戦争（ボーア戦争）を戦っていました。戦力としてインド兵まで動員したため、インドが手薄《てうす》になった。そこにロシア帝国が侵攻しかねないという危惧《きぐ》も抱きます。ここで浮上したのが、大日本帝国の傭兵化という案です。ロシアを東西から挟《はさ》む日英同盟で、ロシアの目をインドへ向けさせないようにしたのではないか。

日本は帝国主義ビギナーであり、老獪《ろうかい》なイギリス外交に操《あやつ》られた。また、日本には大陸へ進出したいという思惑があり、それをイギリスに見透《みす》かされたのでしょう。

佐藤 まったく同感です。十九世紀半ば、英仏を中心にした列強は、世界の大半を支配下に置いていました。その英仏にとって、最大の関心事がロシアの動き、つまり南下です。

クリミア戦争（一八五三〜一八五六年）は、オスマン帝国とロシアの戦いですが、英仏はオスマン帝国を支援し、ロシアのユーラシア大陸西側からの南下を食い止めることに成功します。

いっぽうユーラシア大陸東側では、日本が幕末を迎えます。英仏が明治維新に関与したと言われますが、具体的にイギリスが何をしていたかと言うと、日本から沿海州《えんかいしゅう》にさかんに船を出した。極東ロシアはどのような状態にあるか、ロシアの基地はどこにあるか、ロシア軍はどこまで来ているか、などを探索していたのです。

イギリスには、日本は「ロシアの抑え」という意識が明確にあったと思います。ロシアが南下してきた時に、日本は使えるのか・使えないのか、使えるとしたらどのようにして使うのか、その頃から検討していた気がします。

西郷隆盛《さいごうたかもり》は征韓論を主張した際、朝鮮よりも沿海州のポシェット湾を押さえなければいけないと述べています。また、薩摩藩は倒幕の際、イギリスと友好関係にありました。ということは、西郷がイギリスの政策を把握していたとするなら、明治維新の時点で敵はロシアであり、日本は何とかロシアの南下を止めなければならない、その時はイギリスと連動してやらなければならないと考えていたでしょう。

それが二十世紀に入り、いよいよ現実化してきた。イギリスにとって始末が悪いのは、ロシアはフランスのように話が通じる相手ではないことです。これをどうにか抑えなければいけないと、イギリスには世界戦略の一環として、極東の守りを日本にやらせようという思惑があったと私は考えています。

井上　ロシア対策については、江戸時代の知識人にも書いている人がいます。でも、ロシアへの脅威を表わす「恐露病《きょうろびょう》」という言葉が生まれたのは、明治以後のことです。

佐藤　イギリスは、日本に「隣国だから恐い。領地を取られるかもしれないよ」などと言って、焚《た》きつけたでしょう。日本には選択肢がいくつかありましたが、日英同盟を結び、日露戦争へと突き進んでいきました。

井上　日本では政府も国民も、世界に冠《かん》たる大英帝国と同盟を結べたことに誇らしさを感じたようですが、イギリスは冷徹に算盤《そろばん》をはじいていた。帝国主義ビギナーの日本を踊らせることなど、イギリスにとっては赤子の手をひねるようなもんやろな。

勝利の意外な果実

佐藤　日露戦争はイギリスに踊らされたところがあったのですが、終わってみると、日本の勝利は、実際以上に高く評価されたように思います。日本は一躍《いちやく》、世界に名乗りを上げたというか、少なくとも列強が、アジアに日本という国があるということを認識した最初の出来事になりました。

井上　しかし、ロシアが旅順《りよじゅん》から退き、戦線を縮小した時、日本は困ったと思うのです。もう、これ以上は攻め込めないわけですから。ナポレオンのモスクワ遠征と同じようになりますよ。攻撃を続けても、途中で兵站が伸びきってしまう。

革命が起こり出したことで、ロシア側が戦争をやめる気になったからよかったものの、もし続いていたら、ミハイル・クトゥーゾフ将軍が対ナポレオン戦争で取ったのと同じ戦術で、日本は大敗北を喫《きっ》していたかもしれない。だから、ロシア側にはあまり敗北意識がなかったでしょうね。

佐藤　ロシア側もそうですし、イギリスも大勝利だとは思っていなかったでしょう。でも、他の国々は日本が勝ち、ロシアが負けたと認識した。それまで、ロシアはナポレオンにも屈《くっ》しなかった「負けない国」でした。確かに、あれほど広大な国土を、しかも気候が厳しいなか、攻め入って占領するなど、不可能です。

井上　ロシアは歴史上、敗れていないのですか。

佐藤　外に出ていった時は、敗れています。オスマン帝国と戦って何度か敗れていますし、クリミア戦争では英仏軍に敗れています。

井上　でも、クリミア半島は事実上、ロシアの影響下に入りましたね。

佐藤　ロシアの南下を何とかオスマン帝国で止めているものの、依然としてロシアの脅威が続いていた時に、日本が勝ったというわけです。だから、勝利の中身よりも、日本がロシアに勝ったという口上《こうじょう》のほうが、過大評価されたのでしょう。

具体的には、国の「格」が上がりました。ヨーロッパには国の格に対する意識が厳然と存在します。たとえば、ロシアは皇帝の位《くらい》を継承している国なので、格としては最上級の国です。そのロシアにたとえまぐれでも勝った日本は、列強に並ぶことを許されたわけです。一九二〇年に国際連盟が設立され、日本は常任理事国となりましたが、もしロシアに勝利していなかったら、門前払いだったかもしれません。

井上　日露戦争の勝利で、日本の朝鮮半島進出を、国際社会は大目《おおめ》に見始めます。旅順・

大連《だいれん》の租借地や東清《とうしん》鉄道を得たことも侮《あなど》れません。

佐藤　日本がついに、本格的に帝国主義に乗り出したということですね。

井上　マイナス面としては、なまじ最強の陸軍国ロシアに勝ったため、日本陸軍は技術よりも戦術で何とかなると思ってしまったことが挙げられます。このため、アメリカを相手に戦う時も、工業技術や経済力の冷静な分析へ耳を貸そうとしませんでした。

また、イギリスの隠された意図を読み解けなかったように、複雑な国際情勢のなかでずるく立ち回ろうという発想が、なかなか芽生えません。連合艦隊解散の辞には「勝って兜《かぶと》の緒《お》を締めよ」とあるのですが。

現在の帝国主義

井上　現在、中国やロシアは膨張への意欲を露《あら》わにしだしています。帝国主義の復活が囁《ささや》かれる所以《ゆえん》ですね。しかし、今は民族自決が自明となった時代です。ナショナリズムに目覚めた地域へ、他国が攻め込むのは難しい。帝国主義はもう成り立ちにくいように思います。

　しかし、そのいっぽうで、祖国防衛の情熱も強化されていく。商人の国ならば、北方領土を返してもらうためにかかるコストと、返還はあきらめて入漁料を支払うコストと、どちらが安上がりかを計算して考えますが、そのような議論はなされません。尖閣《せんかく》諸島の防衛コストも、あまり計算されないでしょう。民族主義に目覚めた人の大勢いる国では、それが許されないのです。ナショナリズムに目覚めると、「領土は民族の血」という意識が増幅されるんですね。

佐藤　帝国主義的なものの復活があるとすれば、やはり中国でしょう。中国は今のところ、あからさまに領土を広げることはしていないですが、二〇一八年、アフリカのジブチに基地を建設しました。これは、世界各地に基地を持つアメリカの支配を彷彿《ほうふつ》させます。従来の帝国主義ではないけれども、アメリカ型の世界進出です。

　経済では、アメリカの基軸通貨ドルに対抗する動きも感じます。ドル建て決済が基本の原油取引に、二〇一八年、元建《げん》てで取引できる原油先物市場を上海に作ったからです。

井上　今、世界へ進出する中国は、目先の利益を度外視しているように感じます。第4章で触れたように、中国の場合、漢民族の時にはあまり国力が冴《さ》えない。異民族の国になった時、国力が増強されるというか、膨張したがる。

中国の伝統的な文人たちは教養がありすぎて、武張《ぶば》ったことが苦手です。武士に政治をゆだねた日本と違って、中国では伝統的に軍人が尊敬されません。しかし、文化大革命以後、中国を動かしてきた文人たちは排除されました。現代中国は漢民族の国だと思いますが、清や元など異民族がつくった国に近づいているような気がします。

第8章

第一次世界大戦のインパクト

休戦記念日と戦勝記念日

佐藤　フランスのパリに滞在していた時、第一次世界大戦（以下、第一次大戦）の「休戦記念日（十一月十一日）」を迎えたことがあります。十一月一日は「諸聖人の日」と呼ばれるカトリックの祝日なのですが、この日から休戦記念日までの一一日間、厳粛な雰囲気に包まれていました。十一日には、記念碑に数えきれないほどの花が捧《ささ》げられ、大通りでパレードが行なわれました。

ちなみに、第二次世界大戦（以下、第二次大戦）の終焉は一九四五年五月八日、こちらは「戦勝記念日」と呼ばれています。

井上　十一月十一日は、京都の西陣《にしじん》にとっても、特別な日です。応仁《おうにん》の乱が終わった終戦記念日なのです。それはともかく、新聞での扱いはどうですか。

佐藤　やはり、休戦記念日や第一次大戦関連の記事が多く出ていましたね。フランスにおける、第一次大戦の死者が約一四〇万人、第二次大戦の死者が約五五万人（いずれも植民地含まず）ですから、戦争の爪痕《つめあと》に関しては第一次大戦のほうが大きかったのです。国境付近には今でも、第一次大戦時の地雷が埋まっており、政府には地雷撤去専門のプロフェッショナルがいます。

井上　そう言えば、第一次大戦の賠償金をドイツ政府が完済できたのは、二十一世紀に入ってからだと聞いたことがあります。

佐藤　ヴェルサイユ条約で課された賠償金を、ドイツ政府は九一年後の二〇一〇年に完済しました。日本で「戦後」と言うと、太平洋戦争（一九四一～一九四五年）後を指しますが、ヨーロッパの国々は、第一次大戦の後処理を、途中の中断はあるにせよ、第二次大戦後もずっと継続してきたわけです。

前述のように、フランスでは死者数から言っても、第一次大戦のほうが圧倒的に多い。逆に言えば、第一次大戦でフランスは勝ったにもかかわらず、被害があまりに大きかったので、戦後は急速に厭戦《えんせん》気分が広がりました。第二次大戦でフランスが早めに戦争をやめたのは、第一次大戦のインパクトが大きかったからだとも言われています。ちなみに、イギリスの戦死者は第一次大戦が約一一二万人、第二次大戦が四五万人（いずれも植民地含まず）ですから、こちらも第一次大戦のほうが多いのです。

井上　なるほど。私は、ノートルダム大聖堂に代表されるパリの建築群を破壊されたくないことも、理由のひとつに考えています。ドイツの戦車と、あそこで砲火を交《まじ》えたくない。でも、おっしゃるように、それだけ人的資源が失われたら、「もう戦争はこりごりや」と思うのも当然やね。

誰も予想できなかった展開

佐藤 第一次大戦のきっかけは、セルビアの青年によるオーストリア・ハンガリー帝国のフランツ・フェルディナント大公《たいこう》夫妻の暗殺（サライェヴォ事件）ですが、これは突発的な事故、言わばアクシデントです。これを契機にオーストリアはセルビアに宣戦布告しますが、当初は世界大戦になるなど誰も思っていませんでした。

井上 もともとセルビアにいるスラブ系の人たちと、オーストリア・ハンガリー帝国の間に悶着《もんちゃく》があり、何か起これば戦争になりかねない状態ではありました。とはいえ、それはあくまで局地的な問題であり、簡単に収まると考えていたのでしょう。

佐藤 ところが、いったん火蓋《ひぶた》が切られると、各国間のさまざまな確執《かくしつ》から連鎖的に戦いが引き起こされ、あっというまに世界大戦になってしまったのです。

井上 ドイツはオーストリアを支援する。それに対して、フランスやロシアは対抗しなければならない。とうとうイギリスまでドイツに宣戦――と一気に多国間戦争になりました。前に述べた通り、ここでドイツの皇帝ヴィルヘルム二世がビスマルクを解任したツケも回ってきたように思います。実際、ドイツはフランス、ロシアと同時に敵対する二正面戦争を強《し》いられました。それを避けるために、ビスマルクは心を砕いてきたのですが……。

佐藤　諸国間のさまざまな同盟で何とか収めていたのに、それがなくなったがために、ドミノ倒しのように、次から次へと戦争が始まり、最終的に誰も予想していなかった大戦になったのです。

井上　日文研《にちぶんけん》助教の呉座勇一《ござゆういち》さんは、第一次大戦は応仁の乱に似ていると言っています。すなわち、ちょっとした小競り合いが、誰も予想しない大きな戦いになっていった。長期戦になったことも似通っています。

佐藤　当時のヨーロッパ人たちはそれまでの戦争と違い、何かささいなことでも一気に世界大戦になるという恐怖を、身をもって体験したわけです。これは、日本人やアメリカ人にとって、今でも感覚的にわからないところだと思います。

帝国の解体

井上　一九九一〜一九九二年にかけて、クロアチア紛争、ボスニア・ヘルツェゴビナ紛争、コソボ紛争などの民族紛争が多発し、ユーゴスラビアは解体していきますが、あの根っこも、第一次大戦にあったような気がします。あれで、スラブ系の人たちが、だんだん民族意識に目覚めていったんですね。第一次大戦後に建国されたユーゴスラビアは、国民国家をつくろうとします。たとえば、自分はスラブ系だと思い始めた人々にも、ユーゴスラビア人という意識を植えつけようとした。でも、うまくいかなかったんですね。

また、ギリシア正教は、かなりのちまでギリシア語による説教をしていました。スロベニア人やクロアチア人など、ギリシア語圏の言葉を話す人たちが民族意識を煽《あお》られたとしたら、たぶんギリシア正教の影響が大きかった。だとすると、国家としてのユーゴスラビアは、民族や宗教よりも弱かったことになります。

佐藤　ロシアが彼らを焚《た》きつけたのも大きいでしょう。オスマン帝国はイスラム勢力ですが、改宗を要求しないので、ギリシア正教やカトリックも共存していました。ところが、ロシアがオスマン帝国の領土に下りてきて、スラブ系の諸民族を煽りました。「オスマン帝国から独立しろ」「立ち上がれ」など、内部の運動を支援するのです。

ロシアはボスポラス海峡、さらにダーダネルス海峡を押さえて、黒海から地中海に出たい。もっと言えば、ギリシアを取りたかった。彼らはロシアこそがビザンツ帝国の継承者であり、本領はギリシアであると考えていた節《ふし》があります。だから、バルカン半島に出て行きたくて、スラブ系の人たちを焚きつけたのです。

井上　ギリシア正教の〝本山〟はモスクワにあるから、自分たちが主導権を握っていると思っているやろな。

佐藤　帝国の発想と、その帝国の発想で駆り立てられた民族主義やナショナリズムが強烈にぶつかったのが、第一次大戦なのです。そして、これだけ各国の事情や利害が絡みあっているると、ちょっとしたことでも、ひとつ破綻すると全部が破綻してしまうことを示したのも、第一次大戦だったと思います。

もうひとつ言えば、伝統的な帝国が崩壊したのが、第一次大戦です。オーストリア・ハンガリー帝国、ドイツ帝国、オスマン帝国、ロシア帝国など栄華を誇った帝国が軒並《のきな》み、崩壊・解体しました。

井上　強調したいのは、さまざまな民族とさまざまな宗教を共存させてきた帝国がなくなったことです。民族や宗教がもろに角《つの》を突き合わせる時代が幕を開けました。その意味では、今日の世界を予見していたような気がします。

佐藤 だから、当時の人はとまどったのです。たとえば、オーストリアにはずっとハプスブルク家があったのに、急に皇帝がいなくなり、どのように政府をつくるのか困ったと思います。ドイツにしても、皇帝（プロイセン国王）が君臨することで、国をまとめていたのに、いなくなったわけですから、どうしていいかわからなくなった。つまり、問題を解決するどころか、逆に未解決の問題を残したのが、第一次大戦だったのです。

井上 求心力になる象徴を失った時、混乱が生まれ、カリスマを生み出しやすい環境が整う。ヒトラーの登場までは、あと一歩やね。

民主主義という看板

佐藤 アメリカの大統領は、家柄に関係なく選ばれると言われますが、よく見ていくと、そうではないことに気づきます。

第四十一代大統領ジョージ・H・W・ブッシュ（父）と、第四十三代大統領ジョージ・

W・ブッシュ（子）は「ブッシュ・ファミリー」などと言いますが、なぜブッシュ家から大統領が出るかと言うと、パパ・ブッシュの妻バーバラ・ブッシュの実家ピアース家が名門だからです。彼女の先祖はアメリカ初期の入植者であり、北部一三州の時には大農場主でした。第十四代アメリカ大統領フランクリン・ピアースを輩出しています。

第三十五代大統領ジョン・F・ケネディらを輩出したケネディ家はアイルランド系であり、カトリック信徒ですから、アメリカ人からすれば新興勢力であり、一種のブームにすぎません。

結局、「独立宣言」をした人たちの末裔がずっと権力を握ってきた。外から見ると家系に関係なく選ばれているように見えるけれども、実際にはそうではない。やはり、原理通りの民主主義は、なかなか実現できないのです。アメリカはそれなりの歴史を重ねるなかで、表《おもて》の民主主義と裏の血統主義をうまく折りあいをつけてきたわけです。

ヨーロッパの場合、王政が崩壊あるいは弱体化して次の体制を築こうとした時、イギリスはうまく折りあいをつけてきましたが、フランスでは王の処刑というショッキングな事件が起こり、第一次大戦後にそれが起きたドイツやオーストリアではとまどい、ロシアでは革命が起こりました。

井上　今の話を聞いていると、日本で自民党議員の多くが三世・四世であることを、それほど咎《とが》めなくてもいいように思えてきます。まあ、血筋だけでなく、看板を背負ってくれた番頭さんが後継者に選ばれるケースもありますよね。あれなんかは、商家によくある日本的な伝統の一《いち》形態かもしれません。そこは、血にこだわる中国と違うところです。

佐藤　各国で違いはありますが、看板通りの民主主義をしている国は少ないし、また成功もしないというのが、現実です。

井上　第一次大戦後にできたドイツのヴァイマル（ワイマール）憲法は、ガチンコの民主主義を目指しましたから、それが危《あや》うかったのかもしれない。

佐藤　ヴァイマル憲法は理想だけで作りましたが、国民がその理想を使いこなせるまで成熟していなかったというのが実情だと思います。フランスでも一七八九年の革命後、共和政と王政が時に交互に行なわれ、その共和政も何度も形を変えています。現在のフランスは第五共和政です。

井上　そうなると、国際的にはやや恥ずかしいけれども、自民党政治には大人の知恵があるということになる。「民主主義なんて本気で信じたらアカンで」ということやね。

佐藤　先進国のトップたちはずるいから、そういうことは口に出さず、民主主義を強調していますが、額面《がくめん》どおりには受け取れないということです。

井上　ただ、第一次大戦の始まった頃は、フランスを除いた各国がまだ君主制を保っていました。国王や皇帝がいる段階で、あの大戦争は起きています。だから、民主主義だけを危うい・脆《もろ》いと言いすぎないほうがいいのではないでしょうか。

佐藤　そうですね。第一次大戦の段階では、民主主義の問題は出てきていませんから、その結果として引き起こされたということでしょう。

フランスでは一八七一年にナポレオン三世が退位したあと、第三共和政が始まりましたが、王政に戻る可能性は十分にありました。ナポレオン四世、オルレアン家のルイ・フィリップ（パリ伯）、ブルボン家のアンリ・ダルトワ（シャンポール伯）などが候補に挙がり、継承順位が上位のアンリが選ばれましたが、そのアンリが諸々の条件で折り合えず、即位を固辞、そのまま王政復古は流れてしまいました。第二次大戦中、シャルル・ド・ゴールが亡命政府をつくった時も、王政が検討されています。

スペインでも、約四〇年間にわたって独裁体制を敷いたフランシスコ・フランコ総統が死去すると、フランコの遺言によってカルロス一世が即位。王国になりました。ですから、王政はけっしてなくなったわけではなく、いつでも選択される可能性があるのです。

フランスでも王家の血を引く人は今でも存在しています。

ドイツの人間爆弾

井上　第一次大戦が長期戦の様相を呈《てい》すると、ドイツはイギリスの海上封鎖に対抗するため、軍艦だけでなく商船をも攻撃する無制限潜水艦作戦を実施します。これで、アメリカ人にも被害がおよび、とうとうアメリカも参戦を決意します。

それまで、ドイツ（同盟国）は、英仏露（連合国）と武器あるいは国民総生産が拮抗《きっこう》するくらいに力をつけていました。しかし、アメリカの参戦で連合国側は圧倒的に強くなります。そこで、ドイツは、ロシアの力が削《そ》げる妙手《みょうしゅ》をひねり出しました。

革命家のウラジミール・レーニンは当時、スイスに亡命していましたよね。一九一七年二月、メンシェヴィキ（ロシア社会民主労働党の右派。ロシア語で「少数派」を意味）が二月革命を起こして、皇帝ニコライ二世が退位します。ボリシェヴィキ（同党左派。「多数派」を意味）のレーニンは一刻も早くロシアに戻りたい。しかし、なかなか戻れない。そこに手を差し伸べたのが、ドイツです。ドイツはレーニンを「封印列車」と呼ばれた鉄道に乗せて、ロシア帝国の首都ペトログラード（現・サンクトペテルブルク）へ届けるのです。これはドイツの秘策であり、言うならば「人間爆弾」です。

佐藤　その後、レーニンは十一月革命によってソビエト連邦（以下、ソ連）を樹立。ソ連は、第一次大戦から降《お》りましたから、ドイツの秘策は大成功と言えると思います。

井上　ついでに言うと、日露戦争では、陸軍大佐の明石元二郎《あかしもとじろう》（のち陸軍大将、台湾総督）が人間爆弾になりました。明石はモスクワに潜入してスパイ組織を作り、左翼を煽動《せんどう》して革命機運を盛り上げたのです。その工作活動は、日露戦争へ勝利をもたらす一因になっただけでなく、のちまで陸軍中野学校では手本とされたそうです。

話を戻しますが、ドイツは第一次大戦中、労働力の国家管理に取り組みます。生産性の向上を私企業に任せず、国家が主導するしくみを強化したわけです。ドイツに監視されていたレーニンが、これを見過ごすはずがない。のみならず、国家による生産管理という、このやり方は社会主義に転用できると考えた可能性もあります。それだけ、総力戦体制は国家社会主義に近いのです。これに関しては、またあとでも触れましょう。

イギリスの誤算

井上　第一次大戦後、オーストリア・ハンガリー帝国やドイツ帝国では、皇帝が退位して共和政に移行しましたが、イギリス人はどのように感じていたのでしょうか。

佐藤　たぶん、対岸の火事としか思っていなかったでしょう。イギリス人は自分たちの体制が変わるとは思っていなかったし、すでに慣習として「国王は君臨すれども統治せず」という原則を確立していたからです。その不文律のもとで議院内閣制をいとなんできた伝統があるので、大陸の変化が飛び火するとは考えていなかったと思います。

井上　歴史の教訓としては、フランス革命で王政が倒れたあと、イギリスを困らせたナポレオンが出現しています。同じように、ドイツやロシアで妙な奴が出てこないだろうかという不安のよぎることは、なかったでしょうか。

佐藤　イギリスはナポレオン戦争に勝利しています。最大の勝因はドーバー海峡の存在、つまり海を隔《へだ》てていたことです。ナポレオンは、「イギリスに上陸したら五日で全土を征服できる。しかし、この三〇キロの海峡が渡れない」と言ったそうです。フランス軍の前にイギリス海軍が立ちはだかり、上陸できないというわけです。ですから、イギリス人は

「この海があるかぎり、大丈夫だ」と思っていました。

その〝常識〟が裏切られたのが、アドルフ・ヒトラー率いるナチス・ドイツとの戦いです。イギリスはバトル・オブ・ブリテンでドイツ空軍を退けましたが、ヒトラーが飛ばしたミサイル（V1飛行爆弾とV2ロケット）を防ぐことはできませんでした。それまでは、イギリスにとってヨーロッパで起きていることは対岸の火事であり、自分たちは安全地帯にいるという自信がありました。

井上　ナポレオン時代に、その確信を得ていたわけですね。

佐藤　フランスが第二次大戦でドイツに降伏後、イギリスは同盟国フランスの艦隊を襲撃し、これを沈めています。とにかく海だけはドイツに渡したくなかったのでしょう。

イギリスにとって誤算だったのは、第一次大戦で戦争が一気に機械化されたことです。機関銃は日露戦争ではじめて使われましたが、第一次大戦では戦車が登場、飛行機も飛ぶようになりました。それを「たいしたことない」と楽観する国と、「これは大変だ」と悲観する国に分かれるのです。

イギリスは、海軍があれば大丈夫だという〝常識〟にとらわれ、フランスはナポレオン以来の伝統で、戦術がすぐれていれば戦争に勝てると考えました。戦争に勝ってきたがゆえに、その優位に安住したイギリス・フランスと、新兵器が時代を変えると認識したドイツに分かれたのです。以降、兵器や科学技術が格段に進化していきます。ここに戦争は新たなフェーズに入ったわけです。

戦争形態の変化

井上　第一次大戦を経験して、英仏はこんなにしんどい総力戦はもうやりたくないと思ったでしょう。だから、のちにナチス・ドイツがライン川沿岸のラインラントへ進駐したり、チェコのズデーテン地方を奪ったりした時も、何とかドイツをなだめようとしました。いっぽう、日本には第一次大戦の被害がほとんどおよんでいません。ですから、一九三〇年代になっても、戦争へ乗り出していけました。前のめりにね。「もう戦争はこりごりや」と思えなければ、平和は維持できないということやね。

佐藤　ただ、それを一国あるいは一部の国だけが願っても、実現が困難であることは第一次大戦後の歴史が証明しています。

ドイツは第一次大戦によって、植民地も鉄鋼の産地ルール地方も取り上げられ、巨額の賠償金をかけられます。ハイパーインフレが進行し、失業者が街にあふれた。そこで、選択肢が提示されます。戦争に負けたのだからしかたがないと腹をくくり、耐えて窮地を乗り切るのか、英仏の押しつけは不当であり、屈辱だとしてリベンジするのか。この二者択一です。ドイツ人が選んだのは後者でした。

井上　ドイツ人も「もう戦争はこりごりや」と思ったから、当時もっとも民主的なヴァイマル憲法を制定し、帝政から共和政に移行したのだと思います。でも、賠償金があまりに巨額で、とうてい返済などできない。これだと、一《いち》か八《ばち》かで打って出るしかないという捨《す》て鉢《ばち》な気分になったのでしょうね。

佐藤　同感です。フランスは第一次大戦後、ドイツとの国境にマジノ線を作りました。これは長大かつ強力な要塞線ですが、専守防衛に徹した発想です。ここには人的被害を最小限にしたい、「戦争はこりごりだ」という思いが見て取れます。しかし、ナチス・ドイツは中立国ベルギーに侵攻、マジノ線のないベルギー国境を戦車で席巻、フランスに侵攻しました。マジノ線は戦争が人海戦術だった時代には有効だったでしょう。しかし、戦争が機械化されてからは、専守防衛の発想だけではなかなか国を守れません。

陸軍軍人だったド・ゴールは第一次大戦後、戦車による機甲部隊を作るよう政府に進言していますが、フィリップ・ペタン（のち元帥、ヴィシー政権の主席）ら軍幹部に一蹴《いっしゅう》されます。いっぽう、ドイツ軍幹部はド・ゴールの著書『職業的軍隊をめざして』を読み、「これからは戦車の時代だ」と認識し、機甲師団を立ち上げます。ここにも兵器へのとらえ方の違いが見受けられます。

日本にとっての第一次世界大戦

井上　アメリカは当初、第一次大戦にかかわりませんでしたが、最終的に参戦しました。戦後、国際連盟を作る時にリーダーシップを取りましたが、自らは加盟していません。世界のゴタゴタに巻き込まれたくなかったのでしょう。元のモンロー主義に戻ったわけです。この方針が大きく変わったのは、一九三三年に第三十二代大統領となったフランクリン・ルーズベルトの頃からです。現在につながる「世界の警察」路線を敷いたのが、ルーズベルトです。

佐藤　日本はアメリカとは異なり、日英同盟を理由に積極的に参戦しています。イギリスは明らかに、日本の中国進出を警戒していましたし、アメリカも同様です。このことからも、イギリスにとって、日英同盟はあくまでロシアへの抑えだったことがわかります。日本はドイツの租借地青島《チンタオ》やドイツ領南洋諸島を占領したり、艦隊をインド洋や地中海に派遣したりしました。その結果、南洋諸島は日本の委任統治領となりました。

日本にとって、第一次大戦は被害も小さく、大戦争という印象は薄《うす》かった。むしろ漁夫の利を得たという感覚でした。ところが、戦後になって世界的に厭戦気分が広がり、軍縮が一気に進むと、面食らったでしょう。なぜ世界はこんなに軍縮気分になっているのか、なぜ日本まで軍縮を強いられなければならないのかという疑問が、やがて不満に変わっていったことは想像できます。

井上　日本は総力戦を展開しなかったし、身に沁《し》みて「もう戦争はこりごりや」と思わなかった。ここに、英仏およびアメリカとの差があるように思います。その差はやがて溝《みぞ》となっていく。

とはいえ、世界的な軍備縮小の流れはもう止められません。日本でもついに一九二二年、陸軍史上はじめての軍縮が行なわれます。軍人もずいぶん現役を辞めさせられました。それまでは、娘を高級将校の嫁にしたいという家も多かったけれども、いつ失業するかわからないから軍人さんは嫌だとなった。それが大正デモクラシーの一面でした。

佐藤　軍部、特に陸軍は、第一次大戦で一変した兵器や、国の資源を総動員する総力戦という形態に危機感を持ちます。もちろん、日本政府もヨーロッパの被害状況について把握していましたが、統計上で理解していただけで、国民的な危機感にはつながりませんでした。この政府・国民と軍人の意識のギャップは、のちに時代を大きく動かす要因になります。

第一次大戦でもうひとつ述べておきたいのが、ソ連という共産主義国家がはじめてつくられたことです。これによって、首都モスクワはギリシア正教の中心ではなく、共産党の中心に変わりました。反共勢力がもうひとつの求心力になっていく時代が始まったとも言えます。

井上　ほんとやねえ。東方教会と共産党はまったくソリが合わないと思います。でも、世界と向き合う立ち位置は似ているかもしれへん。ところで、ソ連の共産党は、モスクワのクレムリン宮殿に入った。中国共産党も、かつて皇帝が住んだ紫禁城《しきんじょう》に隣接した地域、いわゆる中南海《ちゅうなんかい》に拠点を構えました。君主を否定しながらも、どこかで皇帝に憧れていると思えてならない。

佐藤　権力を握るだけでなく、権威もまといたいのでしょうね。

井上　でも、ヒトラーは、ドイツ皇帝の古い宮殿に入ろうとはしなかった。ファシスト党のベニート・ムッソリーニも、イタリア国王ヴィットーリオ・エマヌエーレ三世の館には入りません。ファシズムは前時代の権威にすがらなかったのです。あとで、これも問題にしましょう。

第9章 今も残るファシズムの亡霊

ファシズム台頭の背景

井上　イタリアのムッソリーニはファシスト党を率い、一九二二年のローマ進軍によって政権を奪取します。「ファシズム」と呼ばれる全体主義的・国家主義的な政治形態を出現させました。ファシズムは極右、右派だと普通は考えられていますが、私は彼らに社会主義政権的な一面も感じるのです。実際、ファシスト政権は労働者の負担を減らす社会づくりに力を入れており、労働者がピクニックなどのレクリエーションを始めたのはこの頃です。

佐藤　第一次大戦で機械化、工業化が著《いちじる》しく進んだこともあり、戦後は工場労働者が社会で大きなウエイトを占めることになります。労働者たちの苦しみや怒り、あるいは主張をどのように汲《く》み取るか・向き合うかが、政治の争点となったのです。そのひとつの方向性がイタリアのファシズム、ドイツのナチズムであり、フランスのように共産党や社会党が強くなる国もありました。

井上　ナチス党の正式名称が国家社会主義ドイツ労働者党であることからもわかるように、社会主義を否定してはいません。ただ、その党歌「旗を高く掲げよ」の歌詞にもあるように、反・共産主義を強く打ち出しています。

佐藤　第一次大戦後、ロシア革命・ソ連の成立にともない、社会主義が一般の人たちにまで下りてきます。建前としては王侯貴族が動かしてきた国から、国民・労働者が動かす国へと変わったわけですが、労働者たちに政治経験はありません。しかも、すでに旧来の権威・権力は失われており、誰が求心力になるのか、誰に従っていけばいいのかという混乱のなかで誕生したのが、国家社会主義だったのです。

民主主義とは有権者が自ら、あるいは有権者が負託した議員が、政治権力を行使するものですから、有権者は判断力を求められます。しかし、当時の労働者にその能力があったか、政治的発想ができたかと言うと、まだまだ未熟だった。それまで、皇帝や国王に任せていたのに、彼らが急に政治の表舞台から退場したために、途方に暮れていたというのが実情です。

人々は従来、豪華だったり立派だったりするものに、「お上《かみ》」を感じていました。第8章の終わりで井上先生が述べられたように、ソ連共産党が政権を取ると宮殿に入ったのも、国民のそんな感情を考えてのことだと思います。皇帝がいなくなった時、皇帝と同じように、共産党トップが宮殿にいるのは、安心感につながるわけです。それは、中国も同様です。

では、イタリアやドイツではどうするのかとなった時、新しいカリスマが求められたわけです。国民に向かってマニフェスト（政権綱領）を発表、印刷して配っても、当時の労働者にすれば、「こんなの読んでもわからない」という反応だったと思うのです。そこが民主主義の危うさということにもなりますが、やはりパッと見てかっこいいもの、立派なものはわかりやすいし、その人にカリスマ性があれば「この人についていこう」と思ったのではないでしょうか。

今も使われているナチスの手法

佐藤　ヒトラー登場前のドイツは、ヨーロッパでもっとも進んでいるとまで言われた、民主的なヴァイマル憲法下の共和国でした。その前は、皇帝がいた帝政です。もし皇帝がいれば、ヒトラーは出てくることはできなかったでしょう。ヴァイマル憲法という理想的な憲法ができて民主主義になった時、人々は合理的な支配に満足できず、理性で割り切れないものを求めたから、ヒトラーが登場したのです。

井上　イタリア国王ヴィットーリオ・エマヌエーレ三世は、ムッソリーニの首相就任を認可していますし、ムッソリーニが「ドゥーチェ（Duce）＝統領」と名乗ることにも異議を唱えていません。ムッソリーニがアルバニアとエチオピアを併合した際にも、ヴィットーリオ・エマヌエーレ三世はイタリア国王の位《くらい》を保ったまま、アルバニア国王・エチオピア皇帝を兼務しています。

ですから、ドイツとイタリアは、等しく全体主義と言われますが、国王の任命も受けたムッソリーニと王権の支持など期待しようがないヒトラーには違いもあります。

佐藤　民主主義社会において、政治家は有権者の「理性」に訴えかけなければなりません。でも、これは面倒ですし、時間もかかる。それより、有権者の「感性」に訴えかけるほうが簡単だし、効果もすぐに表われやすい。理屈だけでは一部の知的階層には通じても、末端の大衆にまではなかなか届かないわけです。

ヒトラーの演説は、理性より感性に訴えかけるものでした。ナチスは「ブルート・ウント・ボーデン（Blut und Boden）＝血と土」という標語を掲げました。これは、ドイツ人の血は尊《とうと》いのだから、それを育《はぐく》むための土地を奪っていいという意味ですが、理屈で考えたら無茶苦茶な話で、そんなことが許されるわけがありません。しかし、この標語はＢ

とBで韻《いん》を踏んでおり、話しても聞いても心地よい。感性を刺激するわけです。
また、アウシュヴィッツ強制収容所の門には「アルバイト・マハト・フライ（Arbeit macht frei）＝働けば自由になる」と書かれています。これは中世ドイツの法的慣習「シュタットルフト・マハト・フライ（Stadtluft macht frei）＝都市の空気は自由にする」をもじったものです。軽く言えば言葉遊び、重く言えば催眠的効果で惑《まど》わしている。このようにして、ナチスは国民の理性を麻痺《まひ》させていったのです。

井上　政治に広告代理店がくっついているわけやね。その意味では、画期的な政治体制とも言える。

佐藤　ドイツは第二次大戦後、ヒトラーとナチスを徹底的に排除して、国内外に反省の意を示しましたが、ナチスの手法は他国で受け継がれていきます。
その手法でもっとも成功したのは、アメリカです。それまではかっこ悪くてもおじさんでもよかったのに、ケネディの頃から、かっこよくて若い政治家が持てはやされるようになりました。映像の時代になり、ルックスが重要な要因となったわけです。さらに、わかりやすい言葉で訴えかける、繰り返し述べる、ワンフレーズあるいは標語を使うなどもそうです。

最近では、「Change（変革）」「Yes We Can（やればできる）」を連発したバラク・オバマ、「Make America Great Again（アメリカを再び偉大な国に）」を掲げたドナルド・トランプなどが記憶に新しいところです。

日本でそれを意識して行なったのが、小泉純一郎《こいずみじゅんいちろう》首相です。「自民党をぶっ壊す！」「構造改革なくして景気回復なし」と叫び、「郵政民営化」を進めました。今から考えれば、あの熱狂は何だったのだろうと思いますが、当時の人気はすごいものでした。現役首相の写真集が発売されるなど、日本の憲政史上ほとんど例がありません。

のちに冷静になって検証すると、重大なことやとんでもないことを言っていたことが判明するのが、この「熱狂政治」の怖いところです。結局、ドイツだけでなく、世界各国でヒトラーやナチスを糾弾しますが、実はナチスの手法を受け継いでいるし、そのことを批判する人がいないのが現状です。

井上　アメリカの大統領選挙で、各州は「赤い州（共和党支持）」と「青い州（民主党支持）」に色分けされます。両党の各州における優勢振りはシンボル・カラーで表わされます。このように、党派のカラーを決めて旗を作り、選挙でその旗を翻《ひるがえ》させるなど、今でもナチス流の手法は民主主義国家に散見されます。オリンピックの聖火台、聖火リレーなどは、ナチス・ドイツが挙行した一九三六年のベルリン大会で考案された演出です。今のオリンピックにもナチズムのやり方を踏襲しているところがある。

ムッソリーニが残した文化遺産

井上 前も述べましたが、ムッソリーニは、武装ファシストのローマ進軍によって政治の実権を握ります。ローマは古代から、軍隊を入れてはいけないことになっていました。それを覆《くつがえ》したのが、古代ローマの英雄カエサルです。カエサルはガリア平定後の紀元前四九年、ルビコン川を渡ってローマに入ります。この時に発せられた有名な言葉が「賽《さい》は投げられた」です。人生の大博打《おおばくち》へ打って出たんですね。カエサルを左遷しようとした元老院に、反旗を翻《ひるがえ》したわけです。

ムッソリーニのローマ進軍も、これにあやかっています。「俺が現代のカエサルだ」という、イタリア人へのメッセージにもなっているのです。実際、ムッソリーニは古代ローマの復活という意欲を演説に織り込んでいます。エチオピアをイタリア領とした際には、栄《は》えあるローマ帝国の復活も揚言《ようげん》しました。

ローマの中心部に、古代ローマ時代のコロッセオからヴェネツィア広場（ヴェネツィア宮殿）へ至る道路を、ムッソリーニは切り開きました。これが、今のフォリ・インペリアーリ通りです。この道路開通で、広場からコロッセオが見通せるように、街は改造されました。ムッソリーニは、ヴェネツィア宮殿のバルコニーから、広場に集まった人民へ向かって「エチオピアはイタリアのものになった。ローマ帝国が蘇《よみがえ》った」と演説するんですね。そして、そこからはコロッセオも見渡せる。

佐藤　視覚効果を計算しているわけですね。

井上　ヴァチカン宮殿の前にはコンチリアツィオーネ通りがありますが、その路上はもともと多くの家屋で埋まっていました。そこを、ファシスト革命一〇周年記念の建設事業として切り開いたのがムッソリーニです。十七世紀イタリアの建築家で、ヴァチカン宮殿の建築や彫刻を手がけたジャン・ロレンツォ・ベルニーニは、宮殿前にある円形のコロネード（列柱廊）を閉ざして教皇への求心力を喚起《かんき》させようとしました。街から閉ざそうとした、この構《かま》えをムッソリーニが崩すわけですが、これには理由があります。

イタリア王国は教皇側からすれば侵略軍であり、教皇庁は長らくイタリア王国と断交していました。しかし一九二九年、ファシスト政権と教皇庁はラテラノ条約を結び、和解します。具体的には、イタリアがヴァチカン市国の独立を認め、カトリックを国教に定めます。ムッソリーニは労働者の待遇改善へ努めると同時に、教皇を敬う人民の保守的な心性にも訴えかけようとしたわけです。

このラテラノ条約を目で見える形にするため、ローマを流れるテヴェレ川とヴァチカン宮殿の間にある建物は全部撤去されました。現在、ヴァチカン宮殿の前に集まる観光客がサンタンジェロ城とテヴェレ川を見渡した時、そこに広がる町並みは、すべてムッソリーニがこしらえたものです。イタリアとヴァチカンの和解を象徴する景観なんですね。

今のローマ大学もファシストが作ったものですし、ローマの南東にある映画撮影所、チネチッタもムッソリーニが建設させたものです。ちなみにチネチッタとは、イタリア語のcinema（映画）とcittà（都市）を合わせた造語です。「映画の都《みやこ》」ですね。ここで撮影されたものに『ローマの休日』『甘い生活』などがあります。また、イタリア国立映画学校も設立され、ロベルト・ロッセリーニやヴィットリオ・デ・シーカなど、のちのイタリア映画を支える監督も輩出しています。

このように、イタリアにはファシズムの痕跡がかなり残っています。戦後しばらくはともかく、のちにはムッソリーニのことを温《あたた》かく振り返る人たちも出てきました。私の先輩がローマにいた時のこと、近くの老人へ列車が時間通りに来ないと言ったら、「ムッソリーニの頃は、ちゃんと時間通りに来た」と言い返されたそうです。

佐藤　確かに、イタリア人はドイツ人ほど否定していませんね。やはりユダヤ人虐殺のようなことをしていないことが、大きいかもしれません。

井上　私はアウシュヴィッツ強制収容所に行ったこともあるのですが、ひどいものでした。人間がここまでできるものかと思いました。まあ、あんなことは犬や猿の手に余る、人間にしかできない所業なのですが。

二十一世紀に蘇《よみがえ》ったナチスの演出

井上　ヒトラーが、ベルリンのウンター・デン・リンデン通りを凱旋《がいせん》した時のことです。通りの両側へ、ビル街の裏にずらりと並んで設置されたサーチライトが、一筋ずつ上空を四五度の角度で照らしました。そうすると、上空で直角に結ばれます。光の直角三角形ですね。通りの両側には、ナチスの党章でドイツの国旗にもなったハーケンクロイツ（鉤《かぎ》十字）の長い旗が並びます。光の屋根と旗の壁、この演出で、ナチスは人民を催眠状態へ陥《おとしい》れようとしました。

さらにすごいのが、一九三六年からニュルンベルクで行なわれだしたナチス党の全国党大会です。大会の主催者は、一辺が三〇〇メートルにおよぶ矩形上《くけい》に百数十本のサーチライトを置きました。軍当局からは防空の障害になるからやめてくれとクレームがつくのだけれども、党は決行します。ちなみに、発案者は建築家であり、のちに軍需大臣も務めたアルベルト・シュペーアです。

この光が夜空に上がり、光のコロネードを形作るのですが、光は八〇〇〇メートル上空まで届き、上空で一点透視図の頂点を作りました。参列していた外交使節にも、あまりの美しさで感動した旨を本国へ送っている者がいます。

映画監督のジャン・リュック・ゴダールは『ゴダールの映画史』という作品で、サーチライトを使う二十世紀フォックスのタイトルと、ナチス党・全国党大会の演出を関連づけました。ナチスがハリウッドのパクリであるかのように暗示しています。でも、サーチライトの光が動くハリウッドの映像と、まっすぐ上空に光を照らすナチスの演出では、まったく発想が異なると私は思います。ナチスのほうが建築的ですね。

ゴダールだけでなく、歴史学者たちもナチスの新しい手法や工夫を矮小化《わいしょうか》したいようで、ハリウッドに先行例がある、共産党がはじめに考えていた、イタリアのほうが早い、などと主張します。確かに、それらを否定できない面もあるのですが、ナチスが行なった演出は相当、画期的だったと私は思います。

フランス革命が行なわれていた一七九三年に、若い女優を女神役にした理性の祭典が挙行されました。これも人民を煽《あお》ろうとしたものです。ここから、党大会をはじめとするナチスのページェント（行列を作って練り歩きながら演じる芸能）までは、地続きなのかもしれません。そんな政治的祭典史の一齣《ひとこま》に収める研究もありますが、ナチスの祝祭はK点を越えているんじゃないかな。

一九三四年以降、ニュルンベルクの党大会は毎年九月上旬の開催となり、一九三六年からは、毎年九月十一日に光のコロネードが作られるようになります。九月十一日と言えば、アメリカ・ニューヨークのワールドトレードセンターに飛行機が突っ込んだ日です（二〇〇一年のアメリカ同時多発テロ事件）。その後、ニューヨークでは、瓦礫《がれき》を整理したあとへ、八八本のサーチライトを置いて、夜間まっすぐに上空を照らしワールドトレードセンターの直方体を光で再現させたこともありました。

かつてナチスが行なった光のコロネードを、縮小された形ではありますが、反復させている。ここからは私の勝手な想像ですが、テロ首謀者が九月十一日を選んだのは、どうしてか。案外、ユダヤ人を撲滅しようとしたナチスに敬意を払っていなかっただろうか――。いや、あくまで私の妄想です……。

ナポレオンとヒトラーの決定的な違い

井上 ボナパルティズム（ナポレオンによる独裁的政治形態）とファシズムの類似性がよく指摘されます。しかし、ナポレオンとヒトラーでは、決定的に違うところもある。ナポレオンが「シトワイヤン（市民）よ」と叫んでも届く範囲が限られるのに対して、ヒトラーはマイクロホンを使って肉声を増幅することができました。声の届く範囲が、まったく違う。ムッソリーニによるローマ進軍は一九二〇年代ですが、マイクロホンを使いきれていません。

佐藤 決定的だったのは、ラジオの登場です。ヒトラーの言葉の効果があれだけ上がったのも、ラジオを通して全国民にいっせいに届いたからでしょう。

井上 ナポレオンの「兵士諸君」と呼びかける声はそれほど届かなかった。ならば、どのようにして大軍を動員していたのでしょうか。

佐藤　実は秘訣がありました。ナポレオンは前期・中期・後期すべてに、優れた将軍をふたり抱えていました。前期はマセナとオージュロー、中期はミュラとランヌ、後期はネイとスールトです。ナポレオンは、ふたりの将軍だけに意思を伝えます。たとえば、ナポレオンが「□月□日までに○○に来い」と命じると、ふたりの将軍は兵士たちに演説して、指定された日時場所に来るのです。

　ナポレオンの戦争は厳しい戦いで、目の前にオーストリア軍一〇万人がいたとします。ナポレオン自身が率いている軍勢は五万人。でも、別の場所にマセナ軍五万人、オージュロー軍五万人がいる。そして、実際に戦う時に、この軍勢を呼び出すのです。そうすれば、一〇万対一五万で有利に戦えます。

　また、別の場所にプロイセン軍がいたとすると、そこに行く時は、また将軍が率いる軍勢を呼び出す。つまり、ナポレオン自身が何十万人という兵士に呼びかけるのではなく、自分と同等の力がある将軍ふたりに軍勢を率いさせ、強行軍させた。そして、戦いの時には、敵を凌《しの》ぐ大軍勢となって勝利するという方法でした。

井上　なるほど。しかし、将軍や兵士たちの「来られませんでした」というサボタージュはなかったんですよね。ナポレオンはどのようにして彼らから信頼を勝ち取ったのでしょうか。

佐藤　ふたりの将軍たちは、ナポレオンに対する信頼もさることながら、たがいに対するライバル意識ですね。自分だけ遅れるわけにはいかない、と必死になりました。兵士たちは、最初に北イタリアで戦った時に大勝利を収めたので、「ついていけば、いいことがある」と思うようになったのでしょう。ナポレオンは「歩ける軍隊が最高の軍隊だ」とも言っています。機動力の重要性をわかっていたのです。

動員、誘導、扇動というところに話を戻すと、結局、ナポレオンが行なったのは、「大陸軍日報」を印刷して配ることでした。ナチスが行なったラジオに比べればまどろっこしいし、効果も限定的だったでしょう。

井上　ボナパルティズムとファシズムは、どちらも大衆を踊らせるような策略を持っていたけれども、技術史的には決定的な違いがあったということですね。

佐藤　活字はやはり理性を介さないと頭に入ってきません。いっぽう、ラジオは生《なま》の声を聞くことができる。すなわち感性に訴えるメディアです。この違いは大きいでしょう。その後は、映像の世紀が到来します。ヒトラーの頃は映画でしたけれども、ケネディの大統領選挙の頃にはテレビが主役になります。自宅にいながら政治家の声を聞き、姿が見えるわけです。そして政治も変わっていくのですが、その先駆けとなったのがヒトラーだったのだと思います。

ドイツ人が受け入れているヒトラーの遺産

井上　一九三六年のベルリン・オリンピックで使用されたスタジアム（ベルリン・オリンピアシュタディオン）は現在、サッカーリーグのブンデスリーガも試合に使っていますが、事実上、ヒトラーの建築作品だと私はとらえています。

設計をしたのは建築家のヴェルナー・マルヒですが、その図面を見たヒトラーは「こんな鉄とガラスでできたモダンな建築を自分は好まない」と言って、ダメ出しをした。結局、ヒトラーがつけた細かい注文に応えて、修正・完成させたのが、ヒトラーの寵愛を受けていた、前述のシュペーアです。シュペーアとマルヒは、徹夜で図面を直したらしい。設計者としてはマルヒの名が記され、シュペーアの名は登録されていません。いずれにせよ、ヒトラーの趣味を全開させた建築です。

スタジアムの前に今でもある彫刻を撤去するか否かが議論されたことはありますが、スタジアムを壊そうという話は出ていません。

佐藤　ドイツは戦後、ヒトラーとナチスについて徹底的に否定しました。たとえば、ナチスを連想させる旗・制服・言い回し・挨拶・敬礼を、公共空間で使用することは法律で禁じられています。自動車のナンバープレートでもNS・SS・SAなどは、それぞれナチズム・親衛隊・突撃隊を連想されるとして許可されません。しかし、建築物にはナチス的なものが残っているような気がします。

井上　ヒトラーが若い頃描いた絵に、人間はほとんど描かれていないため、「ヒトラーは非人間」「アンチ・ヒューマンな男」と評する人がいます。しかし、ヒトラーは建築家になりたかった人です。建築家は、営業用のパースペクティブ図面なら人間も描きますが、通常のスケッチでは描きません。ですから、そのような絵から彼の人格を推測することは、的《まと》をはずしていると思います。

ヒトラー時代の建築物としては、ベルリンにある日本大使館とイタリア大使館が今も健在であり、第三帝国で好まれた建築の形式を見ることができます。ちなみに、大使館前の道路は「ヒロシマ通り」です。

また、ヒトラーが建設しようとしていた、ニュルンベルクの四〇万人（！）を収容するスタジアムは基礎工事しかできませんでした。基礎を掘り込んだ跡《あと》が、今は湖になっています。その大きさには、やはり圧倒されます。

ヒトラーは演説で「偉大な建築はドイツに栄光をもたらす」と訴えましたが、実は労働者に仕事を与えていたという面もあります。政府が雇用を作り出していたとも言えるでしょう。もちろん、ヒトラーの建築観が労働者たちに伝わったとは思いません。しかし、彼らなりに「この人は私たちへ仕事を与えてくれる人だ」と思ったでしょう。

しかも、ベルリンの誰もが目にするところで毎日、大工事をやっているわけだから、アピールする効果は侮《あなど》れません。それこそアウトバーン（自動車専用道路）の建設以上に大きかったかもしれないのです。アウトバーン建設の際にも、わざと機械を使わずに人力で行なったと言われています。

そのアウトバーンでは、日本の高速道路によく見られる剝《む》き出しのコンクリートがありません。また、まっすぐにしようとすればできるのに、山並みや高低差を壊さないように設《しつら》えてあります。もちろん高いところは橋になりますが、その橋もコンクリートではなく、ロマネスク様式風の石張りです。

日本の高速道路沿いでは、よく山肌をコンクリートで固めますが、そのようなものはない。つまり、緑なすエコロジカルな道路景観にも注意を払っているわけです。わが民族の高速道路とは異なる細やかな配慮があの時代にあったわけで、これには驚きます。

教会を爆破したスターリン

井上　ソ連の最高指導者だったヨシフ・スターリンは一九三一年に宗教弾圧を断行しました。モスクワにあったロシア正教の総本山・救世主ハリストス大聖堂を爆破します。ヒトラーも戦争末期、ドイツ中の教会を爆破するよう命令を下しましたが、シュペーアは握り潰しています。

スターリンは、その跡地にソビエト宮殿を建てる計画でしたが、第二次大戦の勃発により建設は中止。そのだだっ広い土地は、のちにプールとなりました。なお、ソ連崩壊後に、教会は再建されています。

ですから、ファシズムやナチズムと、社会主義の間に本質的な違いがあるとしたら、そのひとつとして宗教政策は挙げられるでしょう。宗教弾圧に本気で乗り出したのは、共産主義国家ソ連でした。その点では人民に嫌われてもかまわないと、共産党は腹をくっていた。東方教会の拠点を吹っ飛ばしたわけです。

中国もひどかった。文化大革命の時に仏教寺院などはかなり破壊されています。今、中国から大勢の観光客が京都や奈良に来ています。彼らのなかには「中国があまり残してこなかった古い寺を見たい」と言う者もいます。そこは、ヴァチカンとの和解へ踏みきったムッソリーニと決定的に違うところです。

佐藤　スターリンのやり口は、フランス革命時のジャコバン派のリーダーだったマクシミリアン・ロベスピエールに近いですね。ロベスピエールは、理念先行型の恐怖政治を行ないました。最後は処刑されましたが、その方向性は、共産主義に近かったように思います。

井上　一七九三年の憲法は停止され、実行に移されませんでした。ですが、そのなかには人民の社会的権利へ言及した件《くだり》もあります。つまり、ブルジョワ革命の一線を越えようとする志《こころざし》もあったわけです。

佐藤　そこが社会主義の根っこというか、はじめと言えばはじめだったのでしょう。

第10章 社会主義は敗北したか

社会主義は、フランス革命から始まった

佐藤　社会主義や共産主義の根っこには、フランス革命があると思います。フランス革命の理念である自由・平等・博愛のうち、自由は今でも重要な価値として続いていますが、平等は変化を遂げてきました。

フランス革命中も、自由を尊重するあまり、倉庫に穀物があふれている金持ちがいるいっぽう、貧乏人が食べる物もなく死んでいく社会でいいのかという問いかけがありました。政治参加の権利としては平等であるけれども、その結果としての生活は不平等だったわけです。

一七九二年、穀物価格の高騰に不満を高めていた民衆の一揆が起こると、それに同情的だった司祭のドリビエは、生存権の観点から富の偏在や土地所有の制限を求める嘆願書を議会に送ります。これを読んだロベスピエールは一七九三年、物価上昇を抑えるために「最高価格令」を公布し、違反者を厳しく取り締まります。財産凍結や没収まで行なおうとしました。しかし、商工業者や労働者たちが反発、クーデタが起こります。ロベスピエールは処刑され、最高価格令も廃止されました。

井上　ロベスピエールは、社会主義的な平等権へ部分的に踏み込んでいたと思います。彼はれっきとしたブルジョワジーですが、自分の体制を維持する都合上、人民に歩み寄らざるをえなかった。ブルジョワジーべったりでは人民の動員が期待できないし、より保守的な連中に寝首をかかれるかもしれへん。とはいえ、同じ急進派のジャック・ルネ・エベールみたいに下品な人ではないように思います。

佐藤　ええ。エベールほど、本音でいく人ではないですね。自分が主張した理想を取り消せなくなったところもあるし、自分の主張についてくる人がいる以上、前に進むしかなかったのでしょう。フランス革命の危うさは、まるでパリの直接民主主義になっていたところです。何か発言すると、パリの人たちが来て「おまえ、ウソついただろう」と問い詰める。撲殺《ぼくさつ》された政治家もたくさんいます。そのような状態で、ロベスピエールも自分が言ったことを取り消せなくなったのではないでしょうか。

しかし、ドリビエの問いかけやロベスピエールの試みは、その後も消えることはありませんでした。つまり、社会で自由を重視するのか、平等を重視するのかということが、どの政体でも問われてきたのです。そして、十九世紀後半から、平等を実現する体制としての共産主義が唱えられ、二十世紀に入り、ロシアではじめて国家として実現しました。それは、平等の社会をつくろうとチャレンジした、壮大な実験だったと思います。

人間がはたして平等な社会を実現できるのかという問いかけは、人間の本質とは何かということともかかわってきます。しかし、ソ連は一九九一年に崩壊。現在も存在している共産主義国を見ても、「結果の平等」は実現していません。中国では経済成長後、貧富の差はすさまじいばかりに拡大しています。結局、人間は平等のためにはがんばらないのです。

井上 出版界にだって、本が売れる人もいれば、売れない人もいるわけじゃないですか。これからは「印税をみんなへ平等に支払います」と言われても、それは通りませんよ。肝《かん》心《じん》の売れる人、言葉を換えれば出版界の牽引力《けんいんりょく》となるべき人に、執筆する意欲が起こらへん。

佐藤 人間は自分が得をしないとがんばらないのです。自分がいい思いをしたり、他人より秀《ひい》でたりしたいがためにがんばるのであって、平等という理想のためにはがんばれなかったのです。社会主義や共産主義という実験が失敗した理由です。

もっとも成功した社会主義国・日本

佐藤　バブル崩壊前までの日本社会は、かなり平等だったと思います。「一億総中流」という言葉に代表されるように、ほとんどの人が「自分は中流」との意識を持っていました。

日本の高度成長で特筆すべきことは、急速な経済発展とともに、平準化を成し遂げたことです。豊かになっていく過程で貧富の差が拡大することなく、むしろ縮《ちぢ》まっていきました。これが異例であることは、中国にしても、インドにしても、急速な経済発展をした国では、貧富の差が拡大していることからも明らかです。

ちなみに、ソ連共産党・最後の書記長ミハイル・ゴルバチョフは「日本は世界でもっとも成功した社会主義国だ」と言っています。

前にも触れましたが、日本人はかなり早くから「日本」意識を持っていました。つまり、この社会を維持していこうという意識が高く、順法意識も高い。お上《かみ》が決めたことを自分には関係がないとは思わない。隣人のことも気にかける。

井上　これは戦後の現象だと思いますが、大企業の社長なのに背広とネクタイではなく、作業服を着て工場や現場を回る人がいます。経営側が同じ仲間をよそおい、気さくにふるまうことで社員の共感を取りつけようとするわけです。社員のほうも「ストライキは控えようか」という気になったかもしれません。フランスの工場ではどうですか。

佐藤　経営者と労働者がはっきりと分かれていますから、絶対にありえません。経営者は、自分は上だという意識を持っているし、そのことに照れたり、ましてや卑下《ひげ》したりはしません。労働者よりはるかに高額な報酬を得ていても、それは正当な報酬だと思っている。もちろん、見せびらかしたりはしませんが。

井上　日本の経営者はたくさんもらっていても、謙虚にふるまいますね。ただ、大正時代や昭和初期の経営者はもっと偉そうにしていて、作業服なんかは着ていなかったような気がします。社長が作業服を着るのは、ソ連の成立や共産圏の拡大、そして社会的な平準化が進行したことの余波ではないでしょうか。

佐藤　社会主義的というよりは、日本独自の文化とマッチングした結果ではないですか。

井上　日本は太平洋戦争時、総力戦体制を敷いて、国家を挙げて生産工程の管理に取り組みました。その際に、労働の現場でも、擬似社会主義風のスタイルが取り入れられたように思います。

第8章で、亡命中のレーニンが第一次大戦におけるドイツの国家総力戦体制を見て、国家的な生産管理のヒントを得たのではないかと述べました。それと同じように、日本も第二次大戦中の国家総力戦体制が下地となって、戦後日本の工場を、やや社会主義的にした可能性はあると思います。

佐藤　フランスで「栄光の三十年間」と言うと、一九四五〜一九七五年の戦後復興を指しますが、これは国家主導でなされたものでした。フランス共産党は一九二〇年にできた時から、ソ連共産党とのつながりが強かったのですが、その要求もあって、ド・ゴールは国営企業を数多く作りました。問題になっているルノーも、そのひとつです。戦時中は自由に経営していましたが、対独協力をした懲罰の意味もあって国営化されたのです。日本と同じように、フランスでも社会主義的な要素を取り入れていたわけです。

井上　戦争時における総力戦体制の締めつけは、日本のほうがきつかったと思います。それで、平等をよそおい、従業員にとけこもうとする風が日本で普及したのではないか。それが普及しなかったフランスでは、たぶんストライキがきつくなったと思うし、経営者は依然として威張り続けたと思うのです。

ソ連の行き詰まり

井上　ソ連で、工場へ視察に行く共産党幹部は、作業服を着ていたのでしょうか。こういう風俗現象は、私の持論なのですが、文献や統計以上に社会の実相を表わしていると思います。どんな服を着て、何を食べていたかということから読み取れる本質もあるのです。

佐藤　ソ連の共産党幹部は、背広を着ていたような気がします。すでに、体制内に矛盾があったのでしょうね。中国は一九八〇年代前半までは、人民服でしょう。

井上　ソ連の軍事パレードなどを見ると、将軍たちは軍服に勲章を並べています。やはり偉ぶりたいんかな。レーニンはプロレタリア独裁という格好を取りましたが、すぐNEP《ネップ》(残余農産物の市場売買や小私企業の経営などを認めた新経済政策)に切り換えて一定程度、資本主義へ戻しました。やはり、努力した人・活躍した人がそれなりの報酬を得られないと、誰も本気で働かないことに気づいたのです。みんなが均等の収入という状態では、生産力が保てなかったということでしょう。

でも、レーニンが亡くなるとスターリンはこれを否定し、コルホーズ(集団農場)に象徴される計画経済へ移行させるのです。そして国中を監獄にしたような密告社会ができあがっていきます。働く意欲が起こらない人も、殺されるよりはマシやと思って働くようになりました。

佐藤　暴力や死の恐怖で強制しないと回転しない社会になってしまいました。

井上　いっぽう、ソ連のよかったところを挙げましょう。この体制は、『源氏物語《げんじものがたり》』や『平家物語《へいけものがたり》』などといった古典のロシア語訳を作りました。これは、彼らのエリートらしい教養主義から来るものでしょう。共産党の文化部門は、ある作品を世界文学として重要であると認識すれば、利益や採算を度外視して、翻訳本を刊行しました。ところが、今のロシアは利害で進みますから、このような文化活動に予算を割《さ》きづらくなっています。

佐藤　ロシア史を専攻している私の後輩は、資料などのコピーがほしい時、ソ連の大学図書館に手紙を出していました。その際、代金を請求してくれと言っても、断《ことわ》られたそうです。「代金はいらないから、その代わりに日本のすばらしい、ある本を送ってくれ」と。それが何かと言ったら、春画なのです（笑）。ジャンルはともかくとして、欲しい本を集めていたのでしょう。

井上　ソ連が製作した超巨編映画も、営業ベースでは作れなかったと思います。

佐藤　そうですね。採算を度外視したことができるのは、やはり社会主義的ですね。

平等の許容範囲

井上　また印税の話で恐縮ですが、執筆者が売れた冊数に応じて印税を受け取るのは当然やと思います。私も、知人の本がそこそこ売れていると聞けば、執筆の苦労がわかるだけに素直な気持ちで喜べる。しかし、二万部を超えるあたりから、だんだん腹が立ってくる（笑）。近頃は、五万部ぐらいまでなら許せるかな。

おもしろく書く工夫とか、読ませる努力を認めるにやぶさかではないのです。でも、K点と言うか、ある一定の線を超えると、「それ以上は不労所得やろ」という思いが強まる。だから、私のなかにも、何か社会主義の根っこになるものがあるような気がします。

佐藤　本音のご披露をありがとうございます（笑）。それは、人間の理性の根源的な部分にかかわることですね。

本の売れ行きに関しては、私は次のように考えています。出版不況のなか、本が売れることで出版社が儲かり、余裕ができる。すると、私が出すような、あまり儲からない企画が通るかもしれない。ですから、私はベストセラーが生まれると、「ああ、これで好きな仕事ができる」と、うれしくなるのです。

井上　テレビの場合、民放だと、視聴率が低ければ番組は打ち切りになることもあります。逆に視聴率が高ければいいスポンサーもつくようになります。いっぽう、NHKは受信料で成り立っているのだから、視聴率を気にしなくていいはずです。でも、最近は視聴率を意識しているかのような番組が、増えているように感じます。これを、日本がポスト社会主義の時代に入っている徴候のひとつだと言ったら、大げさやろか。

佐藤　日本も一九八〇年代までは経済的に成功し、社会は安定していました。それが今、そうではなくなりつつあることを強く感じます。社会全体に余裕がなくなり、みなが競争に追い立てられていて、ギスギスした雰囲気があります。

井上　そうやね。前述のような、作業服で社内を見て回り、社員ひとりひとりに声をかける経営者は減っているかもしれません。いっぽう、タワーマンションのペントハウスに住居をかまえ、タレントとの飲食を誇らしげにSNSで発信するような経営者が増えています。

佐藤　ソ連が崩壊することで、体制が引っくり返る恐怖がなくなりました。また、労働組合など、社会主義的な手法が軽視されるようになりました。そのことで、経営者は安心したわけではないでしょうが、従業員の目を気にせずに大胆になったと言うか、踏み込み方がえげつなくなったように思います。

給食と制服

井上　人間は、「結果の平等」を求めると、労働意欲を失います。しかし、自由を尊重しすぎると、うまく立ち回った人が巨万の富《とみ》を得たり、親から与えられた有利な環境で勝ち抜いたりすることに不平不満が高まり、社会に「クソッ」という思いが蔓延《まんえん》する。

では、どのようにしてバランスを取るかということで、累進課税や相続税などを導入しているのです。しかし、この落としどころが難しい。

「結果の平等」を実現したひとつの例に、学校給食があります。義務教育であれば、どんなに貧しい家庭の子どもでも、みなと同じ給食を食べることができます。社会主義とまでは言えないかもしれないけれども、人民を平等に扱うしくみのひとつでしょう。

明治時代の小学校には、女中さんがお弁当を持って届けてくれる家の子どもと、食べる物もなく教室の片隅でうずくまっている子どもがいました。不況の時には後者が急増しました。「こういう格差をなくそう」という教育者たちの配慮が積み重なって、学校給食につながったと思います。

佐藤　今のところは給食がなくなる感じはありませんが、これからはどうでしょうね。

井上　学校の制服にもある程度、こういう配慮があると思います。お金持ちの子どもはゴージャスな服を着て学校へ来るのに、貧しい家の子どもがみすぼらしい服を着ていたら、クラスのなかで不全感がただようでしょう。

佐藤　ただ、最近は制服の値段が高くなり、制服のない学校を選ぶケースもあると聞きますけど。

井上　そう言えば、東京の銀座《ぎんざ》にある泰明《たいめい》小学校が、標準服にイタリアの高級ブランド・アルマーニを採用して、話題になりましたね。制服の平等性は崩れてきているのかな。

人間の差別意識

佐藤　フランス革命の理念である自由・平等・博愛のうち、うまくいったのは博愛です。ただし、この博愛という日本語訳はちょっとおかしい。フランスの原語は「フラテルニテ(fraternité)」であり、「フレール（frère)」とは「兄弟」のことですから、フラテルニテは

「兄弟愛」と訳したほうがいいと思います。では、兄弟とは何かと言えば、これはヨーロッパでは修道士を指します。出家して修道院にいる男性がブラザー、女性がシスターです。

つまり、みんなが修道院にいるような感じで社会をつくりましょうということです。修道院では私物がほとんどなく、共同生活です。また食事は粗食で、みんなが同じものを食べる。実際には修道院長はいいものを食べていますが、建前上は平等です。みんなで働き、みんなで分かち合って、みんなで一緒に食べましょうという世界です。

井上　お話を聞く限り、平等に近いですね。

佐藤　そうなりますか。しかし、平等とは別に博愛を設けたポイントは「みんなで一緒に」というところです。

日本が国としてのまとまりを持ち、他国と比べて比較的にうまくいっていたのは、日本独自の国の成り立ちと文化のなかで、日本人にこの博愛が身についていたからだと思うのです。だから、自由と平等を秤《はかり》にかけた時、双方が鎬《しのぎ》を削《けず》ることにならなかった。「俺は社長だ」と威張ってふんぞり返るのではなく、社員と同じ作業服を着るのは、みんなで一緒に修道院にいるような感覚が文化として根づいている、あるいは日本人の習性となっているからではないでしょうか。

井上　なるほど、私たちのなかに博愛という輝かしい精神があるというのなら、それを誇らしく思います。しかし、社長が作業服を着るというふるまいには、そのような精神の伝統や民族性以上に、打算を感じてしまいます。労務管理の便法《べんぽう》やね。昔は、少なくとも身分の隔《へだ》てが強かった江戸時代なんかだと、ありえないんじゃないかな。

佐藤　フランス人はやはり、言葉にしないとできなかったと思うのです。でも、日本人は言葉にしなくても、以心伝心と言いますか、阿吽《あうん》の呼吸と言いますか、態度で示す術《すべ》を自然に身につけていた国民なのかなと。

井上　フランス社会党のエリートは、労働者の権利を高唱する。その言葉は麗《うるわ》しいけれども、立《た》ち居《い》ふるまいや身形《みなり》は大ブルジョワのように見えますね。

佐藤　そうなのです。

井上　言葉を大事にするフランス人と、身形に託された言外のメッセージを大事にする日本人の違いですかね。人が着ている物とか食べている物にこだわる私は、現代日本的なあり方に毒されているのかもしれへん。

佐藤　厳密な平等というのはありえないし、もしあったとしても人間はそういう社会では生きられないと思うのです。だから、どこまで認めるかですね。

井上　私は二〇一五年に『京都ぎらい』（朝日新書）という本を出しましたが、これには、人を見下すことはどこまで許されるかという問いかけも込めています。

京都の洛中《らくちゅう》（市街地）に暮らす人たちは、洛外《らくがい》を見下します。もちろん、民族や身体障害への差別はいけません。強制的にやめさせるべきだと思います。ですが、人間には他人へ自分の優位を見せつけたいという欲望がある。それも癒《いや》しがたくあるのです。これは押し込められません。捌《は》け口を作らないと、社会の安定が保てないように思います。

そうであれば、洛中に住む人が伏見《ふしみ》を愚弄《ぐろう》したり、東京で港《みなと》区の住民が墨田《すみだ》区を下に見たりするぐらいは、許せる範囲かもしれない。その境目《さかいめ》がどこかは難しいですけどね。

佐藤　その境目を共有できる社会は、安心できますね。たとえば、日本人であれば、京都の人が特別だというのは、みんなわかっています。

井上　墨田区の人は港区より平均収入が落ちるかもしれないけど、「江戸っ子の本家は俺たちだ」と言えるじゃないですか。つまり、両方が相手を見下せる何かを持っている。ただ、京都の場合、洛中がいろんな意味で威張っており、タチが悪い（笑）。まあ、侮《あなど》られた側にも言い返す権利はあると思って、ああいう本を書いたんですが。

また、東京の人が千葉や埼玉を見下すのは笑える範囲だけど、福島についてはとやかく言いづらいし、言いづらいほうがいいと思うのです。言いづらいという程度のプレッシャーなら、あってもいいのではないでしょうか。それがもっと進むと、ロベスピエールやスターリンの社会になってしまう。「あいつは伏見を愚弄していましたよ」という報告がゲシュタポ（ナチス・ドイツの秘密警察）に集まるような社会は願い下げです。

佐藤　ロベスピエールは、密告の奨励法みたいなのを出しましたからね。結局、平等を法律や制度で実現しようとすると、息苦しい社会になってしまいます。それよりも、暗黙の了解とか呼吸で行なったほうがいいように思います。

社会主義の闇

井上　社会主義の困ったところとして、指導者が独裁へ走りやすいことも挙げられる。皇帝のようになっていくんですね。ルーマニアの大統領ニコラエ・チャウシェスクも独裁者になり、大変豪華な宮殿を造りました。実は二十世紀以降に新しく宮殿をこしらえたのは、そのほとんどが社会主義政権なのです。

いっぽう、キューバの国家評議会議長フィデル・カストロは、宮殿にまったく興味を示しませんでした。そういう独裁者もいます。原始共産制を掲げ、大量虐殺を行なったカンボジアの首相ポル・ポトも宮殿を持ちませんでした。

中国では、前述のように共産党の中枢は中南海にあります。宮殿ではないですが、人民大会堂や毛《もう》主席紀念堂は、宮殿然としていますね。待てよ、労働人民文化宮には、「宮」の字が添《そ》えられているな。ちなみに中国では、多くの都市が郊外に、形状や高さのそろったマンションを並べています。この統制が取れた風景を、まず日本では見ることができません。ああ、やはり社会主義なんだなあと思います。

佐藤　中国は社会主義と言いながら、国家が国民をガッチリ監視する管理社会と化しています。ＡＩによる監視では世界最先端を走っています。警察官がＡＩを組み込んだメガネで人を見ると、名前や犯罪歴などが瞬時にわかるそうです。国民のほうは監視されることに慣れているのか、その無頓着ぶりには驚きます。

井上　社会の締めつけについては、本をよく読む知識人なら嫌悪感《けんおかん》を抱くと思いますが、あまり感じない人たちもいるでしょう。

佐藤　中国はこれまでの歴史のなかで、民主主義をプロセスとして経験していません。二十世紀に入っても、清はもちろん中華民国の時も「人権」という概念がなく、監視どころか抑圧されていたわけです。さらに、戦後できたのが社会主義国だったので、人権意識を定着させるようなことがありませんでした。

井上 やはり、弱肉強食の資本主義社会を共産党が束《たば》ねているという矛盾に帰《き》するところが大きいと思います。社会主義の管理的しくみだけを残しながら、個人の欲望を解き放ったので、表《おもて》へは出ないところにすさまじい腐敗が横行しているような気がします。

中国が戦争できない理由

佐藤 中国は二〇一一年、日本を抜いてアメリカに次ぐ世界第二位の経済大国になりましたが、後発での急成長や先進国とのぶつかり合いを見ると、かつてのドイツと重なります。

十九世紀のヨーロッパでは第三位のドイツが、第一位のイギリス、第二位のフランスという先進国に追いつこうとしていました。普仏《ふふつ》戦争（一八七〇〜一八七一年）におけるドイツ勝利を、第二位への浮上ととらえるなら、そこから第一次大戦の敗北に至るドイツの不幸が始まったと考えられます。つまり、英仏が組んで、ドイツを潰《つぶ》しにかかったわけです。第一位の国からすると、第三位の国に対してはまだ余裕があります。しかし、これが第二位に上がると、自らを脅《おびや》かしかねないと感じるわけです。それが急速であれば、なおさらです。

これを現代に置き換えてみます。第一位のイギリスがアメリカ、第二位のフランスが日本、第三位のドイツが中国になります。

井上　それは、まさに世界史のミカタやね。第7章で述べたように、ドイツのビスマルクは、追いつかれる側であるイギリスやフランスのとまどいも見ていたから、伸《の》し上がっていく者としての配慮がありました。

佐藤　習近平《しゅうきんぺい》にはそれがないですね。胡錦濤《こきんとう》までは、日本的に言えば「能ある鷹は爪を隠す」ところがありましたが、習近平はビスマルクを罷免《ひめん》した皇帝ヴィルヘルム二世と同じように、拡大志向を前面に出しています。そうなると、第一位のアメリカから頭を押さえられるようになり、どこに逃げようかとあせって、突破口を探している感じがします。

東や南に出て行けば、背後をロシアやインドに突かれるのはわかっているので、身動きが取れない。中国のように周囲を強国に囲まれている国は、どこかと戦争をすれば、全方位から叩かれる恐れが常にあります。だから、大きな軍隊を持っていても分散しなければならず、なかなか戦争には踏み切れないのです。

そういう状況下で暴発の可能性があるのか否《いな》か、第二次大戦のドイツと同じように、破れかぶれで戦争に突き進むことがありうるのかを見極《みきわ》める必要があります。ヨーロッパの場合、イギリスとフランスがドイツを追い詰めたために、ドイツが暴発したわけです。では、アメリカがどこまで中国を追い詰めたら、中国は暴発するのか。そのギリギリのところで綱引きが行なわれるような気がします。

井上　佐藤さんの見立てはよくわかります。ただ、産業革命以前に遡《さかのぼ》れば、中国のGDPは世界の二～三割を占めていました。ヨーロッパが動力革命に成功してからは、中国の比率が減り、列強ののさばる時代に入るんですけどね。「かつては自分たちが世界第一位であり、そこに戻ろうとしているだけだ」と考える中国人もいそうな気はします。そこが、ドイツとは違うところです。

韓国とのつきあい方

井上　韓国の対日感情が悪いのは、日本が併合した歴史によるでしょう。植民地にされた側が、独立後も長い年月にわたって不満を抱《いだ》き続けることは、ヨーロッパの国々を見ていてもわかります。

もうひとつ思うことがあります。第二次大戦後、ヨーロッパではドイツが分断されたのに、アジアで日本は分断されませんでした。いっぽう、朝鮮半島は分断され、同じ民族が北と南に分かれていがみ合う格好になりました。だから、「なぜ日本ではなく、俺たちが分断されるんだ。日本の支配さえなかったら、こんなことにはならなかった」という思いも増幅されるのではないでしょうか。

しかも、日本は高度成長を遂げて、一時は世界第二位の経済大国になった。迷惑をかけた国のほうが豊かになっていったわけです。恨《うら》まれますよね。ドイツは四〇年余りにおよぶ分断という不幸な状態があったから、ベルリンの壁が崩壊した時、周囲からも祝福されました。

佐藤　さらに言えば、ドイツは東西に分かれましたが、ドイツ人同士で殺し合いはしていません。朝鮮半島の場合は、同じ民族同士で殺し合ったわけですから、ドイツより深刻です。朝鮮戦争（一九五〇〜一九五三年）では、韓国・北朝鮮合わせて約一二六万人の戦死者を出しています（平凡社『世界大百科事典』）。朝鮮半島の人たちは戦争させられたという思いまであるかもしれない。

井上　確かに、アメリカ対ソ連・中国という超大国間の代理戦争という側面がありますね。しかも、それによって日本が潤《うるお》ったんやから、悪い気持ちを持たないほうが難しい。

佐藤　朝鮮半島は南北統一を目指して、オリンピックも合同チームを作りましたが、さらに交流が進むとどうなるのでしょうか。おたがい、相手の国には、自分の家族を殺した人間がいるわけじゃないですか。それは過去のこととして、水に流せるものでしょうか。

井上　フランスとドイツも、EUとしての統合へ至るまでには、長い時間がかかりましたから、短期間では難しいかもしれへんね。

佐藤　仏独が偉かったのは、青年交流から始めたことです。一九六三年、フランスの大統領ド・ゴールと西ドイツの首相コンラート・アデナウアーは独仏友好条約を結びましたが、この時から始まったのが、青年交流です。過去を見つめながらも、若い世代の交流から始めたわけです。その世代の人たちが、今の政権を担っています。だから、フランスとドイツはパートナーとして、行動できている。

いっぽう、日本と韓国は一九六五年、佐藤栄作《さとうえいさく》首相と朴正熙《パクチヨンヒ》大統領が日韓基本条約を締結しますが、青年交流には積極的に取り組んできませんでした。もし、その時代から青年交流ができていれば、今とは違った展開になったと思うのです。

日露戦争の調停役を務めたのは、アメリカの第二十六代大統領セオドア・ルーズベルト（太平洋戦争開戦時のフランクリン・ルーズベルト大統領とは親戚）ですが、彼に強く働きかけたのが、伊藤博文内閣で司法相だった金子堅太郎《かねこけんたろう》です。ルーズベルトと金子はハーバード大学の先輩・後輩の間柄で、旧知の仲でした。つまり、個人的な信頼関係を国際政治の舞台で活《い》かしたわけです。青年時代、特に学生時代に親交を結んだ相手というのは、割と生涯のつきあいになるように思います。

井上　それはそうやね。初対面の佐藤さんを前にして言うのも何やけど、大人になってからの知りあいは利害が絡《から》んできて、打算的になったりしますから。

佐藤　民主主義の国であっても、各国のトップになる人物は若いうちにだいたい目星《めぼし》がついていたりします。ですから、そういう人物とのつながりを意識して作らなければなりません。でも、世界の指導者たちが卒業するような大学に、日本人が留学・在籍しているかと言うと、はなはだ心もとないというのが現状です。
たとえば、ハーバード大学・大学院の二〇一六～二〇一七年の外国人学生を見ると中国人九二一人、韓国人三〇五人に対し、日本人は一〇七人にすぎません（「SAPIO」二〇一八年三・四月号）。

第二次朝鮮戦争

佐藤　北朝鮮は中国のように、資本主義を取り入れないと立ち行かないと思います。韓国との交流が始まれば、否応《いやおう》なしに「この体制はよくない」という声を抑えきれなくなるでしょう。いずれにせよ、危ういです。

井上　朝鮮半島を統一して、金《キム》一族が象徴になる。そういうわけにはいかんやろな。

佐藤　無理でしょうね。ただ南北に分断されただけなら、ありえたかもしれませんが、自分の親兄弟や親族を殺した首謀者の末裔ですから、それを担ぐのは難しいでしょう。

井上　おたがいの憎しみを忘れるには、日本を悪者とするしかありませんね。

佐藤　フランスには第二次大戦中、ペタンが率いたヴィシー政権が存在しましたが、これは対独協力政府です。戦後はそれをなかったことにして、「フランス人はみんなでレジスタンスをした」という〝神話〟で乗り越えるしか道がありませんでした。同様に、朝鮮戦争で同じ民族同士がおたがいに殺し合った歴史はぼやかして、日本の植民地化だけをクローズアップすることはありえるでしょう。

井上　もし南北統一が実現したら、金一族は中国に亡命するんでしょうね。

佐藤　そういう落としどころが見つかれば、何とかなると思いますが、逆に南北の連邦制などで、金一族が残ると恐い。交流が始まれば長く持たないことは自明《じめい》ですから、一《いち》か八《ばち》かの勝負に出るかもしれない。つまりは、第二次朝鮮戦争です。米軍が引き上げたあと、北朝鮮が不意打ち的にソウルの韓国政府を倒して、あっというまに朝鮮半島を統一してしまうという展開になったら、もう最悪です。

井上　そうやねえ。

佐藤　アメリカは今や、自分のところにミサイルが飛んでこなければいいというニュアンスを匂《にお》わせています。そうなると、北朝鮮が核兵器を持っているのは、今度は中国にとって不快でしょう。かつてアメリカは、フランスが核兵器を持つことをすごくいやがりました。イギリスのようにパートナーシップを結んで情報共有している国ならいいけれども、自国で核実験を行ない、自前の核兵器を持つフランスは認めがたかったのです。

だから、北朝鮮が中国に対して「自分たちの国は自分たちで防衛する」と突っ張ると、それも火種《ひだね》となり続けると思います。

井上　北朝鮮は核兵器を持っているけれども、そう簡単には使う決断がつかないと思います。だけど、北朝鮮でも反日教育は行なわれているでしょう。これで、朝鮮半島が統一されたらどうなるのか。さらに、日本へ牙《きば》をむいてくるのかな。

佐藤　二〇一八年、第一次大戦終結一〇〇周年を迎えました。物事は一〇〇年で歴史になると言われます。なぜ一〇〇年かと言えば、その当時に生きていた人たちがだいたい亡くなるので、歴史として客観視せざるをえなくなるからです。第二次大戦終結、つまり朝鮮半島解放一〇〇年まで、あと四半世紀ほど待たなければなりません。

井上　でも、たとえば山口県で講演をする時、「吉田松陰《よしだしょういん》」と呼び捨てにしたら、それだけでブーイングが起きるという現実もあります。「松陰先生と呼べ」というわけですから、まだ歴史になってへんわ。

佐藤　そこが恐いところです。生身《なまみ》の吉田松陰を知っている人なら「いや、意外にスケベだったんだよ」などと言えるかもしれない。でも、神格化された吉田松陰しか知らないと、先生づけすることになる。それは歴史ではなく、もう神話です。

「あの戦争で日本はひどいことをしたが、こんな良いことをしてくれた日本人もいた」というような中国や朝鮮半島の人たちの生《なま》の声がなくなり、「日本が悪かった」ということばかりが一人歩きする時代がこれから来るのです。

第11章 国民国家の次に来るもの

人間は何のために死ねるか

佐藤　人間は何のために生きるのか――を考えていくと、人間は何のために死ねるのか――という問いに行き着きます。個人としてなら家族のため、一族のために死ねるかということになりますが、集団や社会などに考えを広げていった時、中世ヨーロッパでは神のために死ぬという価値観が出てきたわけです。

十六～十八世紀の絶対王政の時代になると、王のために死ぬという価値観が生まれます。それがフランス革命以降、共和国になって君主がいなくなると、国家のために死ぬ、祖国のために死ぬというのが、信仰に近いような概念となり、二十世紀まで続きました。ちなみに日本の場合は明治以降、戦前までは、天皇のためと国家のためが重なっていました。

では、二十一世紀になってインターネットが急速に普及し、ヒト・モノ・カネが瞬時に国境を越えるようになると、国のために死ぬという価値観はどう変化していくのか。

これまでのところ、たとえばEUのような国家を超えた組織を作っても、ヨーロッパ人がEUのために死ぬという意識にはならないでしょう。日本人にしても、東アジアのために死ぬという意識は持てないと思います。
　だから、ひとつの方向性として、やはり国のためというのが意外にしぶとく残ると思うのです。しかし、そうでないとしたら、どういう方向性がありうるのだろうかと考えてしまいます。

井上　名誉のためにというのは、どこに入るのですか。

佐藤　それは神のため、王のため、祖国のため——に、それぞれ付随するのではないですか。

井上　日本の戦国時代がそうですけれども、たとえ自分が死んでもこれだけの功績を残したということが、子々孫々の宝になると思えた時代は、名誉が売り物になりました。主君は武勲のあった家臣の子孫にも、気を使いますから。でも、今は無理でしょう。
　絶対王政の時代、フランスの王宮を守っていたスイス傭兵（主にスイス人によって構成された傭兵部隊）は、できるだけ死なないようにふるまいました。戦う相手と事前に談合さえしています。戦うフリをする。まあ、プロレスみたいなものです。

佐藤　スイス傭兵の場合、結局は祖国スイスのためだったと思います。だから、国外でフランスのためとか、イギリスのために戦っている時はまともに戦いません。戦う真似だけして帰ってくるようなことをしていました。こちらもスイス人、相手もスイス人ということもあったでしょうし、下手をすると親戚同士ということもあったかもしれません。

スイスは当時、まだ産業がない国でしたから、傭兵業は外貨獲得手段でした。そして、ヨーロッパ各地で傭兵業をすることが、一種のデモンストレーションになりました。「もしスイスに攻めてきたら、俺たちを相手にすることになるぞ」という威嚇《いかく》です。

井上 あの時代にスイスへ攻め込むのは、相当しんどそうやね。あんな標高の高いところにあり、しかも攻め入ったところで奪うものもない。

佐藤 スイスは交通の要所でしたから、ナポレオンも支配下に置いたことがあります。ナポレオンは大兵力でいったんは占領しましたが、その後のスイスの反撃は手強《てごわ》かった。だから、「スイス人と戦うのは嫌だなあ」という感覚を、ヨーロッパ人はずっと持っています。それが、あんな小さな国なのにいまだにEUに加盟せず、スイス・フランという独自の通貨を持ち、独立を保ち続けていることにつながっているのです。

すぐに降伏するイタリアは進んでいる⁉

井上　イタリアは一九四三年七月十九日、はじめて連合軍によってローマを空爆されます。その翌日、イタリアの参謀本部は国王とかけあい、降伏を決めるのです。大日本帝国の参謀本部から見れば、腑抜《ふぬ》けの意気地《いくじ》なしが下す決断ですよ。でも、私はすごく賢明な判断だったと思います。雄々《おお》しい心を持って、なかなか挫《くじ》けない者は、損をする。最初の空爆から三年四カ月も持ちこたえた大日本帝国は、つらい国でした。

佐藤　そこを割り切れるかどうかですね。ちなみに、イギリスもドイツの空爆に耐えています。

井上　イタリアの場合、サン・ピエトロ大聖堂やコロッセオ、フォロ・ロマーノ（古代ローマの遺跡）を破壊されることに耐えられなかった。いっぽうイギリス人は、ビッグ・ベン（国会議事堂に付属する時計塔の大時鐘《だいじしょう》）なら壊されてもいいやと思ったのではないでしょうか。でも、ウェストミンスター寺院の破壊は、気にならなかったのかな。

イタリアは現在でも、町並みや文化を守ることに力を注いでいます。たとえば、「水の都《みやこ》」として知られるヴェネツィアの水没を防ぐために、海岸に巨大な防波堤をこしらえました。景観に配慮をして、ふだんは海面下に沈んでいます。水位が上がると自動的に防波堤も上昇するしくみになっている。途方もない施設ですよ。これを、イタリア人は「モーゼ計画」と呼んでいます。

ヴェネツィアの町並みを守るために、ここまでやるのかと驚嘆しますが、ここまでやる国だからこそ、ローマに爆弾を落とされただけで戦争もやめる決断ができたのでしょう。つまり、イタリアでは建築という文化資源が戦争継続への抑止力になったわけです。

話は変わりますが、太平洋戦争時、南方の野戦病院ではやたらと関西弁が聞こえたそうです。関西の兵隊はちょっとケガをしたら、すぐにベッドに潜《もぐ》り込む。前線で勇敢に戦っていたのは、東北、九州の健気《けなげ》な兵隊たちだった――。まあ、どこまで本当の話かわかりませんが、ありそうな気はします。

佐藤　ある意味で、関西人は究極に洗練されているとも言えますね。

井上　徴兵拒否などという極端な手段には出ず、できるだけズボラを決め込む。国家というフィクションを信じ込まないわけです。でも、大阪商人は、フィクションはフィクションとして、軍需工場で儲けることには熱心でした。

佐藤　商業主義ですね。

井上　ブルジョワ精神です。たぶん、ベルエポック（フランス語で「古き良き時代」の意味。二十世紀はじめから第一次大戦までの平和で豊かな芸術が栄えた時代）を謳歌《おうか》したパリのブルジョワたちも、同じ気持ちだったでしょう。

佐藤　イギリスやドイツのように発展を目指そうと肩肘《かたひじ》張るのではなく、イタリアのように文化や建築のために必死になることもない。自分たちの幸せをひたすら追求するという考え方ですね。今の日本の若い世代もそうかもしれませんが、国家や公的な価値観のために生きることを放棄して、自分の身の回りのことや、自分の幸せだけを考えるという方向性もあると思います。

井上　少子高齢化が進むなか、国民国家だと言って外国と張り合っても、無理でしょう。おじいさん、おばあさんでは戦えませんよ。若い人の間でも、自分さえ幸せであればいいという価値観が主流になれば、国民国家は成り立ちがたい。

佐藤　日本は今、大量の外国人労働者を入れようとしています。そうなったら、国民国家と言えるのだろうかという疑念が生じますが、ただ中期的視野で見れば、日本はやはり国民国家の原理で進んでいくと思います。隣国から攻められるような事態が起きた場合には、国民国家という価値を総動員して、危機に立ち向かわざるをえないだろうなと。

井上　現政権はそういうところを煽《あお》ろうとしていますよね。それは、国民の間で立ち上がろうとする意欲が落ちていることに気づいているからでしょう。

日本がイスラムに支配される日

佐藤　もうすこし長い目で見た時に、たとえば、アジア地域で日本や中国の人たちが満たされて「自分だけよければいいや」と国家にこだわらない、自由な生き方をするようになったら、もっとも恐いのはイスラム教です。

第二次大戦後、ヨーロッパ人の勝手な線引きにもとづいて多くの民族が独立して国民国家になりましたが、イスラム教徒たちがそんな国のために死ぬかと言ったら、たぶん死にきれない。やはり神のために死ぬという価値観が、今も生きていると思うのです。ですから、神のために死ねる人たちが大挙して国境を越えて動き出した時、国家にこだわらずに自由に生きるようになった人たちは、どのように対処するのか、不安がよぎります。

井上　万《まん》が一《いち》イスラムが襲ってきたら、イスラムに改宗する。妻も四人持てる（笑）。

佐藤　歴史的には、ジズヤ（非ムスリムに課せられる人頭税《じんとうぜい》）を払えば異教徒は改宗しなくてもいいというのが、イスラムの方針でした。でも、イスラム帝国が復活したら、どうなりますかね。

井上　日本が、他民族の文化や宗教に寛容だったアッバース朝の一部になるなら、それほど不幸なことではなさそうです。何が何でも日本を守ると言って戦うより、属州になったほうが楽な気はします。抵抗するのではなく、イスラム帝国のなかでどうやったら穏便に日本文化が保てるのかを考えましょう。私の気持ちがすさんでいるのかもしれませんが、そう思います。まあ、今でもアメリカの属州めいたところが、あるわけですから。

佐藤　国家を侵害する勢力に対して戦うという、国民国家の精神が通用しなくなったとすれば、大げさではなく、その傘の下で暮らしを守っていく方向に行かざるをえないかもしれません。

井上　ＩＳ（イスラム国）や殺害されたウサーマ・ビン・ラーディンが率いていたアル・カーイダを支援する人もいますけれども、イスラム圏の大多数はそうじゃありません。ただ、ヨーロッパで虐《しいた》げられてきた、とりわけアラブ系の人たちに、ＩＳへの共鳴者が多いのを見ると、危ないなと思います。

佐藤　過激派や原理主義者が動いているぶんには、そんなに大きな脅威にはならないでしょう。むしろ、穏健なイスラムの人たちが動いた時のほうが心配です。

井上　そうなったら、私はモスクへ行ってお賽銭《さいせん》を投げよう（笑）。ナショナリズムは戦争への意欲に向かわせず、スポーツや文化面で発散させたいものです。

佐藤　そこがどうなるかは、依然としてわからないところです。ただ、仮に日本の人口の大半をイスラム教徒が占めることになっても、さすがに天皇家がイスラム教に改宗するようなことは想像できません。

井上　でも、ヨーロッパではゲルマンの王たちがキリスト教徒になりました。神祇《じんぎ》信仰に生きた天皇家も、八世紀には仏教化しました。歴史とはそういうものでしょう。

佐藤　でも、天皇が改宗までは……。

井上　天照大神をイスラム風に解釈する手もあります。かつて本地《ほんじ》垂迹《すいじゃく》説で乗り切ったようにね。すでに、私たちはキリスト教徒でもないのに、教会流の結婚式を挙げ、クリスマスイヴを祝います。韓国では、約五割の国民がキリスト教徒になっています。だから、イスラム教の国になったらなったで、何とか順応していくように思います。

日米英三国同盟

佐藤　ヨーロッパで気になるのは、やはりイギリスのEU離脱です。イギリスと言えばヨーロッパの国というイメージでしたし、EUの統合によって、ヨーロッパに国境がなくなっていくのが自然な流れだと思っていました。その〝常識〟が崩れ落ちました。

イギリスが国民投票でEU離脱を決めたのも意外でしたが、それ以上にヨーロッパ諸国のイギリスへの冷淡さには驚きました。イギリス国内ではギリギリまで揉《も》めていますが、EUは引きとめもせず、うまくいかなければ「離脱協定なしで出て行ってください」と締め出すような印象すら受けました。

かつては、海によって大陸と分け隔《へだ》てられていることがイギリスの強みでした。しかし、ドイツがミサイルを飛ばすようになって、その強みはなくなりました。しかし、今回のイギリスのEU離脱を見ていて、精神的な距離は縮《ちぢ》まっていないと痛感したのです。

そこまで考えた時、ふと思ったのは、もしかしたら日本は今後、アジアのイギリスになるのではないかということです。イギリスが大陸から見られているように、日本も大陸から見られている。そうであれば、日本も大陸から冷淡に切り離されてしまうかもしれないという恐さを、イギリスのEU離脱を通して感じたのです。

井上　その恐怖を払拭したければ、日本は日米同盟をやめて、日中同盟を結び中国に守ってもらうしかない。そうなると、米軍は沖縄をはじめとする日本領内の基地から出て行く。でも、日本人はたぶん、その選択肢を取らないよね。

佐藤　取らないと思います。繰り返すようですが、戦争するうえで海の意味が小さくなったにもかかわらず、海で隔てられていることの影響はあるわけです。いくらヒト・モノ・カネが国境を越えようが、いくら経済的に結びつこうが、地政学的価値は減殺《げんさい》されないわけです。ただ、国民国家があるうちは、中期的には別な体制もあるかなと思います。

井上　二十一世紀の日英同盟やね。

佐藤　もしそうなれば、どちらもアメリカと同盟していますから、新しい世界秩序が生まれます。アメリカを中央に、大西洋側にイギリスがあり、太平洋側に日本があるという体制です。

井上　日米英の新三国同盟！　英語が今以上に要求されるね。

佐藤　さらに言えば、日本、アメリカ、イギリスが海で結びつくと、オーストラリアが入ってくるでしょう。そうなると、インド洋の諸国が気になります。いっぽうで、「一帯一路」のユーラシア大陸つながりで、中国、ロシア、EUが連合するかもしれません。世界史に、大陸勢力と海洋勢力が拮抗する時代が訪れる可能性があります。

井上　いっぽう、中国の元《げん》が基軸通貨になる可能性もないわけではない。そうなれば、日本は経済に関するかぎり、中国とくっついておくほうが得かもしれへん。いずれにせよ、今後の日本を舵取《かじと》りする人には先を読むだけでなく、歴史への深い洞察、すなわち世界史のミカタが求められるでしょう。まあ、この本を買ってくださいということやね。

戦争を起こすのはどこか

井上　一九八二年、アルゼンチンは沖合に浮かぶ島で「イギリスは見逃すだろう」と踏んだのかな、韓国が竹島《たけしま》に上陸したようなことをしました。しかし、イギリスは即座に反応、反撃します。いわゆる、フォークランド戦争（紛争）です。

あの島をイギリスの領地にし続けておくコストは安くないと思いますが、何か経済的な利益があっての判断だったのでしょうか。私には、イギリスのメンツと言うか、「イギリスをなめるなよ」という行動のように見えました。

佐藤　別に基地があるわけではありませんから、主権を侵害されたことに反応したように思います。

井上　地中海のマルタ島はイギリスの植民地でしたが、一九六四年に独立しています。フォークランド諸島が独立しなかったのはなぜでしょうか。

佐藤　そもそも、住民に独立しようという意思がなかったようです。イベリア半島南東端のジブラルタルも、イギリスから独立していません。

井上　フォークランド戦争はイギリスの勝利で終結しましたが、約三カ月間でイギリス側に約二五〇人、アルゼンチン側が約六五〇人の死者を出しています。それだけの犠牲を払う必要があったかどうかは別にして、戦死した兵士の補償だけでもかなりの負担になったと思います。

佐藤　フランスはずるくて、死者が出そうな場所にはまず外人部隊を出します。しかし、それでも安くない。戦争をするコストが十九世紀に比べると格段に上がっており、先進国は安易に戦争ができる状態ではなくなっています。逆に、戦争を起こすのは、まだ発展していない国で子どもが多い国、ほしいものがたくさんある国です。「今のままでいいや」と思わない国のほうが、戦争に乗り出す可能性が高い。つまり、命の重さが抑止力にならなない国です。

井上　ＩＳとか恐いねえ。日本も、もしＰＫＯで自衛隊員が死んだら大問題になりますよ。太平洋戦争の事後処理でも、軍人恩給や遺族年金はけっして安くなかった。今の時代に犠牲者が出たら、とんでもない額になります。しかも、今の日本は、高齢者への年金すら払いかねる状態になりつつあるんやから、もう戦争は無理や。

佐藤　少なくともしばらくは、日本は、戦争ができない国という現実に合わせるような政策を取るしか、道はないでしょうね。兵士が死なない戦争ができるなら別ですが……。

井上　湾岸戦争（一九九一年）におけるピンポイント攻撃も、兵士の犠牲や消耗をできるだけ避けるための戦術です。

佐藤　今や、無人の爆撃機が飛ぶ時代ですね。とはいえ、やはり今後は経済制裁や経済封鎖で敵国を追い詰めていくことが多くなるでしょう。だからこそ、締め出される側になった時の恐怖は、これまでの比ではないと思います。日本は今、締め出す側の意識しかありませんね。これが締め出される側になった時、どうなるか。

　繰り返しになりますが、イギリスのＥＵ離脱を見ていると、日本も締め出される側になる日がないとは限らないという思いを強くします。その意味で、外交が非常に重要になってくる。ビスマルクではないですが、外交を上手にやって摩擦をなくしていくことが、非常に大切だろうと思います。

高次のものを求める欲求

佐藤　日本だけでなく先進国では現在、社会の硬直化に直面しています。ある意味、今のように生きることが保証されている環境は、生物として異常な状態です。そういう状態に浸《ひた》りきった人間が、これからどうやって生きていくのか、正直言ってよくわかりません。「国や社会など公的なことは考えず、自分が幸福であればいい。この日常が守られればいい」という方向に行くのかなあと思いつつ、「悪いことはしていないけれども、自分のことだけを考えている自分はダメだ」と考えるような人も増えているような気がします。

もしかすると、人間にはより高次のものを求める欲求があるから、神、国家、芸術などさまざまなフィクションを作ってきたのではないでしょうか。自分の欲求が満たされたからといって何も考えなくなるかというと、そうではなく、そこに満足せずに、より大きなテーマや対象に挑《いど》むのではないか。

井上　佐藤さんは、なぜ小説を書いているのですか。「人類の栄光のために」というような思いがおありですか。

佐藤　人類の栄光のために、ですか。

井上　いや、実を言うと、私も心の片隅《かたすみ》には「人類の栄光のために」執筆しているという意識がないわけではないのです。そのいっぽうで、「私ごときが何を偉そうなことを言うとんねん」という思いもあり、恥ずかしいので、ここはカットしてください（笑）。

佐藤　高次のものを求める欲求を、これからの人たちが持たないとは思えません。何かしらは持っていくと思う。

井上　それは人である以上、何かありますよ。さまざまなケースやアイテムがありうると思うけれども、私の場合、宮崎市定《みやざきいちさだ》さん（京都大学名誉教授、故人）が書いた歴史の読物に敬意を払っています。自分には無理やけど、あやかりたい。とにかく、書き手として、誰かを敬《うやま》う気持ちがあるんですね。そして、そのことを確かめるたびに自分も捨てたものではないなと思うわけです。

佐藤　そうですね。人間には、自分で「足《た》れり」としないところがやはりあると思います。

井上　大学で、理科系の人たちに「文科系はいらない。何の役に立つのだ」と言われた時に、「人類の栄光のためです」とは言えへん。「人類の叡智《えいち》のためです」と言ってやりたいけれども、鼻で笑われそうな気がします。

私は国政も含め、政治ぎらいなんです。大学の学長選挙なんかで、いくつかのグループが合従連衡《がっしょうれんこう》して、携帯電話で連絡を取りながら、「そっちは何票固めた」などと言い合っているおっさんたちを見ると、「ああはなりたくないな」と思います。それよりも「いつか宮崎さんの著作に近づきたい」と思っている自分のほうが、まあ、近づけはしませんが、ずっと好きなのです。

これもエゴイズムでしょうが、私は無理に政治や公《おおやけ》に興味を持たなくていいと思います。

佐藤　思考や興味の対象が、政治だったり国家だったりする必要はないし、日常生活に満足すればいいとも思うのですが、高次のものを求める欲求があるからこそ、人間たりうるところもある。私は、これからの人類がどこに向かうのかが気になります。

井上　私は日本語でしか考えたり書いたりできません。頭に思い浮かぶ言葉は関西弁ですが、そのくせ日本のためよりも、人類のためと思ってしまうところがあるのです。

佐藤　日本国よりも人類の栄光を優先して考える時代が、これから来るかもしれませんね。井上先生の話を聞いていて、私もそんな気分になってきました。

おわりに——中央アジアから物を言う

井上章一

歴史のおもしろさを私にめざめさせてくれたのは、梅棹忠夫である。その主著である『文明の生態史観』（一九六七年）には、圧倒的な感銘をうけた。

この本は、世界史の大きな見取図をしめしている。いわく、ユーラシアの両端、西ヨーロッパと日本は、同じような歴史をたどってきた。封建制をへて近代的な資本主義へいたるコースは、どちらにも共通している。そして、このコースを、ユーラシアの中央部はついにたどらなかったというのである。

アカデミックな歴史研究者たちは、この立論をひややかにながめやすかった。いわく、日欧の封建制と近代には、これだけのちがいがある。梅棹が言うような形では、ひとくくりにできない、と。

歴史の学界に生息する研究者の大半は、日本史と西洋史、そして中国史をあつかってきた。梅棹流に言えば、ユーラシアの両端へ焦点をしぼり、歴史をおいかけている。だから、どうしても、日本史と西欧史が同列にあつかわれる構図に、とまどった。

いっぽう、梅棹は中央アジアの遊牧民をしらべる人類学者である。フィールドワークもてがけてきた。農耕はしない。季節ごとの牧草をもとめ移動する。そんな人びとと、つきあってきた。そして、その立ち位置からながめれば、日本と西欧の歴史は並行的に見えたのである。

たとえば、封建制。農耕を生活の基軸にすえた日欧では、土地の領有をめぐるもめごとが、たえまなくおこる。土地争いが歴史をうごかし、封建制をもたらした。その延長上に、両者の近代化はある。しかし、移動生活をおくる遊牧世界では、こういう争いがおこらない。必然的に、封建制など成立しなかった。

日本と西欧の封建制には、多くの学者が指摘するとおり、さまざまなズレがある。だが、そういう制度のありえない遊牧世界とくらべれば、両者の相違は誤差のようなものである。どちらも、同じ穴の貉《むじな》と言っていいような歴史を、たどってきた。

私は、今でも梅棹のこういう着眼を、卓見であったと思っている。まあ、あきたりなく感じるところはあり、批判的に評したこともあるが(『日本に古代はあったのか』二〇〇八年)。

その後、私は中央アジア史の読み物に、したしみだした。後藤明《ごとうあきら》、杉山正明《すぎやままさあき》、林俊雄《はやしとしお》、森安孝夫《もりやすたかお》らの本には、よく目をとおす。梅棹にあおられての読書だと思う。

『世界史のミカタ』という新書を、対談でまとめませんか。祥伝社の飯島英雄氏から、そう声をかけられた時も、あんがいひるまなかった。いや、ほんとうなら、もっと逡巡すべきであったのだろう。そんなの無理ですよ、と。だが、けっこう気軽にひきうけている。中央アジア史の魅力を素人《しろうと》なりに語りたいと、分《ぶん》不相応にも思ってしまったようである。

話し相手には、作家の佐藤賢一さんがなってくれた。佐藤さんは、西洋を舞台にした歴史小説を、たくさん書いている。古代から中世、そして近現代まで、守備範囲はひろい。西洋史の側から世界史を語れる、余人をもって代えがたい方である。

また、私じしんが佐藤さんの本を、ながらくたのしんできた。ファンのひとりであると思っている。ひいきの作家と四日間にわたって語りあえたことを、たいへんうれしく思う。貴重な機会をあたえてくれた祥伝社と飯島さんにも、お礼の言葉をのべそえたい。

二〇一九年十月

切りとり線

★読者のみなさまにお願い

この本をお読みになって、どんな感想をお持ちでしょうか。祥伝社のホームページから書評をお送りいただけたら、ありがたく存じます。今後の企画の参考にさせていただきます。また、次ページの原稿用紙を切り取り、左記まで郵送していただいても結構です。

お寄せいただいた書評は、ご了解のうえ新聞・雑誌などを通じて紹介させていただくこともあります。採用の場合は、特製図書カードを差しあげます。

なお、ご記入いただいたお名前、ご住所、ご連絡先等は、書評紹介の事前了解、謝礼のお届け以外の目的で利用することはありません。また、それらの情報を6カ月を越えて保管することもありません。

〒101-8701（お手紙は郵便番号だけで届きます）
祥伝社　新書編集部
電話03（3265）2310
祥伝社ブックレビュー　www.shodensha.co.jp/bookreview

★本書の購買動機（新聞名か雑誌名、あるいは○をつけてください）

＿＿＿＿新聞の広告を見て	＿＿＿＿誌の広告を見て	＿＿＿＿新聞の書評を見て	＿＿＿＿誌の書評を見て	書店で見かけて	知人のすすめで

★100字書評……世界史のミカタ

名前

住所

年齢

職業

井上章一　いのうえ・しょういち

国際日本文化研究センター教授。1955年京都府生まれ。京都大学工学部卒業、同大学院工学研究科修士課程修了。京都大学人文科学研究所助手を経て、現職。専門は建築史、意匠論。『つくられた桂離宮神話』でサントリー学芸賞、『南蛮幻想』で芸術選奨文部大臣賞を受賞。著書に『京都ぎらい』など。

佐藤賢一　さとう・けんいち

小説家。1968年山形県生まれ。山形大学教育学部卒業、東北大学大学院文学研究科博士課程単位取得退学。1993年「ジャガーになった男」で第6回小説すばる新人賞、1999年『王妃の離婚』で第121回直木賞、2014年『小説フランス革命』で第68回毎日出版文化賞特別賞を受賞。著書に『ナポレオン 1〜3』など。

世界史《せかいし》のミカタ

井上章一《いのうえしょういち》　佐藤賢一《さとうけんいち》

2019年11月10日　初版第1刷発行

発行者……………辻 浩明
発行所……………祥伝社《しょうでんしゃ》
〒101-8701　東京都千代田区神田神保町3-3
電話　03(3265)2081(販売部)
電話　03(3265)2310(編集部)
電話　03(3265)3622(業務部)
ホームページ　www.shodensha.co.jp

装丁者……………盛川和洋
印刷所……………萩原印刷
製本所……………ナショナル製本

Printed in Japan　ISBN978-4-396-11588-3　C0222

〈祥伝社新書〉
歴史に学ぶ

366
はじめて読む人のローマ史1200年
建国から西ローマ帝国の滅亡まで、この1冊でわかる！
東京大学名誉教授
本村凌二

168
ドイツ参謀本部 その栄光と終焉
組織とリーダーを考える名著。「史上最強」の組織はいかにして作られ、消滅したか
上智大学名誉教授
渡部昇一

379
国家の盛衰 3000年の歴史に学ぶ
覇権国家の興隆と衰退から、国家が生き残るための教訓を導き出す！
渡部昇一
本村凌二

541
日本の崩壊
日本政治史と古代ローマ史の泰斗が、この国の未来について語り尽くす
東京大学名誉教授
御厨 貴
本村凌二

578
世界から戦争がなくならない本当の理由
戦後74年、なぜ「過ち」を繰り返すのか。池上流「戦争論」の決定版！
ジャーナリスト
名城大学教授
池上 彰

〈祥伝社新書〉
経済を知る

111
超訳『資本論』
貧困も、バブルも、恐慌も——マルクスは『資本論』の中に書いていた！
神奈川大学教授 的《まと》場《ば》昭《あき》弘《ひろ》

343
なぜ、バブルは繰《く》り返されるか？
バブル形成と崩壊のメカニズムを経済予測の専門家がわかりやすく解説
久留米大学教授 塚崎公義

498
総合商社 その「強さ」と、日本企業の「次」を探る
なぜ日本にだけ存在し、生き残ることができたのか。最強のビジネスモデルを解説
専修大学教授 田中隆之

503
仮想通貨で銀行が消える日
送金手数料が不要になる？ 通貨政策が効《き》かない？ 社会の仕組みが激変する！
信州大学教授 真《ま》壁《かべ》昭夫

570
資本主義と民主主義の終焉 平成の政治と経済を読み解く
歴史的に未知の領域に入ろうとしている現在の日本。両名の主張に刮目《かつもく》せよ
法政大学教授 水野和夫
法政大学教授 山口二郎